9,80

Hans Kessler

Reduzierte Erlösung?

Hans Kessler

Reduzierte Erlösung?

Zum Erlösungsverständnis der Befreiungstheologie

Herder

Freiburg · Basel · Wien

Meinem Vater gewidmet

CIP-Kurztitelaufnahme der Deutschen Bibliothek

Kessler, Hans: Reduzierte Erlösung?: Zum Erlösungsverständnis d. Befreiungstheologie / Hans Kessler. – Freiburg im Breisgau; Basel; Wien: Herder, 1987.
ISBN 3-451-20957-8

Herstellung: Freiburger Graphische Betriebe 1987
ISBN 3-451-20957-8

Inhalt

Vorwort

Den Befreiungstheologen wurde von ihren Gegnern zum Vorwurf gemacht, sie entleerten die Erlösung durch Jesus Christus, indem sie diese auf eine hauptsächlich oder gar rein sozial-politische Befreiung reduzierten. Dieser Vorwurf ist auch in die frühere Instruktion der vatikanischen Kongregation für die Glaubenslehre „Über einige Aspekte der ‚Theologie der Befreiung'" vom 6. August 1984 eingegangen und hat auf diesem Weg eine breite Öffentlichkeit erreicht. Da die Befreiungstheologie in ihrem Kern Soteriologie, Erlösungslehre, ist und das Befreiungs- und Erlösungsverständnis ihren theologisch-inhaltlichen Angelpunkt bildet, trifft sie dieser Vorwurf in ihrer theologischen Mitte.

Das vorliegende Bändchen versucht, das Befreiungs- und Erlösungsverständnis gerade einiger umstrittener Befreiungstheologen wie Gustavo Gutiérrez oder Leonardo Boff im Ausgang von deren eigenen Texten möglichst genau zu erfassen, seine Mehrdimensionalität, Differenziertheit, Reichhaltigkeit und Tiefe sichtbar zu machen und den erwähnten Vorwurf auf seine Berechtigung hin zu überprüfen. Bei diesem Durchgang treten bemerkenswerte Impulse und Aspekte hervor, die wir hierzulande von den Befreiungstheologen Lateinamerikas (neuerdings auch Afrikas, Indiens usw.) in unser weithin einseitiges und verarmtes Verständnis von Erlösung aufzunehmen und in unserer Lebenspraxis zur Geltung zu bringen haben.

Mit dem folgenden Beitrag greife ich zugleich eine Thematik wieder auf, mit der ich mich erstmals in meinem Buch „Erlösung als Befreiung" (Düsseldorf 1972) – geschrieben 1971 noch ohne Kenntnis der Befreiungstheologie und vor Erscheinen der ersten grundlegenden „teología de la liberación" von Gustavo Gutiérrez (Ende 1971 im spanischen Original, deutsch 1973) – und dann, nach einem längeren Lernprozeß, erneut in meinem Artikel „Erlösung" im Neuen Handbuch theologischer Grundbegriffe, Bd. I (München 1984) befaßt habe. Ich denke, wir haben in dieser wie in anderen Fragen von den lebendigen, unverbrauchten Kirchen und Theologien Lateinamerikas, Afrikas, Asiens noch unabsehbar viel zu lernen.

Eine erste Fassung des vorliegenden Beitrags wurde im Oktober 1985 an der Universität Siegen im Rahmen eines Theologischen Kolloquiums „Heute von Erlösung reden" vorgetragen und ist in dem von I. Broer und J. Werbick herausgegebenen Sammelband „Auf Hoffnung hin sind wir erlöst" (Stuttgarter Bibelstudien, Stuttgart 1987) dokumentiert. Das vorliegende Bändchen stellt eine überarbeitete und erweiterte Fassung dar.

Frankfurt am Main, im Januar 1987 *Hans Kessler*

I
Einführung

1. Zur Eigenart der Befreiungstheologie

Befreiungstheologie ist im Vergleich mit der über 1000 Jahre alten europäischen Theologie ein ganz junges Unternehmen. 1964 traf sich – es war in Petrópolis (Brasilien) – zum ersten Mal eine kleine Gruppe katholischer Priester[1], die in der pastoralen Arbeit mit den Armen standen und denen sich aus dieser Arbeit die Notwendigkeit aufdrängte, theologische Reflexion in anderer Weise, als sie es gelernt hatten, zu betreiben: nämlich als kritische Reflexion a) *aus* der für die Armen optierenden (pastoralen und gesellschaftlichen) Glaubenspraxis *heraus,* b) *über* diese Glaubenspraxis (die im Licht des Evangeliums geprüft wird), c) *zum Zwecke* authentischerer Glaubenspraxis (die mehr dem Evangelium entspricht und den Armen hilft).

Der eigentliche Durchbruch zur professionellen Befreiungstheologie gelang 1971 mit Gustavo Gutiérrez' programmatischem Buch „Theologie der Befreiung"[2]. Seitdem hat diese neue, kontextuell und pastoral ansetzende, stark prophetisch geprägte Art des Theologietreibens sich mit einer überraschenden Lebendigkeit entfaltet und sich in mehrere Richtungen ausdifferenziert: eine evangelisatorisch-pastorale Richtung, eine darüber hinaus auch politische Richtung, eine mehr populistisch-kulturelle Richtung sowie einen schmalen mehr oder weniger marxistischen Flügel[3]. Also eine noch nicht einmal 20 Jahre junge, noch unfertige, in Bewegung und im Werden befindliche Theologie mit dem Mut zum Provisorischen und zur Selbstkorrektur.

2. Befreiungstheologie und theologische Tradition

Wegen des jugendlichen Alters und des besonderen pastoral-prophetischen Charakters der Befreiungstheologie besteht bisher ein gewisses Defizit an materialer theologischer Darstellung. Die materiale Ausarbeitung in den verschiedenen Disziplinen steckt noch in den Anfängen, ebenso die systematische Durcharbeitung der verschiedenen Themen und Traktate aus dem Blickwinkel der Armen[4].

Bei jeder Beurteilung dieser jungen Theologie aus europäischer Sicht gilt es zu bedenken, daß Befreiungstheologie nicht neue Lehrinhalte bringen, sondern die tradierte – in ihrem universalkirchlichen Sinn anerkannte – Glaubensbotschaft in der Situation von Armut und Unterdrückung zum Sprechen bringen will. Der Befreiungstheologe kann sagen: „Die traditionelle Theologie ist auch die meine"; es geht *nicht* um „eine völlig neue Theologie", sondern um „eine neue Perspektive“ [5], um Theologie aus der Perspektive der Armen. Was die Befreiungstheologen dabei – aus dem immensen Reichtum der Überlieferung – nicht zur Sprache bringen, ist für sie, wie Leonardo Boff einmal sagte, übernommene und vorausgesetzte Basis. Man darf somit nicht – wie manche Kritiker – hergehen und etwa dort, wo Befreiungstheologen bestimmte Sachverhalte nicht ausdrücklich erwähnen, diese bestritten sehen; oder wo bestimmte Aussagen positiv gemacht werden, diese als exklusive Aussagen verstehen.

3. Der Vorwurf der Reduzierung der Erlösung auf sozial-politische Befreiung

Das alles gilt es auch bei unserem Thema zu beachten: Das Erlösungsverständnis ist in der Befreiungstheologie noch nicht fertig ausgearbeitet (aber ist es das denn bei uns? [6]). Und doch lassen sich grundlegende Züge im befreiungstheologischen Erlösungsverständnis deutlich erkennen; dabei ergibt sich eine bemerkenswerte Übereinstimmung quer durch die verschiedenen Richtungen. Diese Grundzüge sollen im folgenden herausgearbeitet werden.

Zuvor muß jedoch der von gewissen Kreisen seit längerem, neuerdings auch von der römischen Instruktion von 1984 „Libertatis nuntius“ (über einige Aspekte der „Theologie der Befreiung“) erhobene Hauptvorwurf gegen das befreiungstheologische Erlösungsverständnis genannt werden. Er lautet kurz gefaßt: hier geschehe Reduktion der Erlösung durch

Jesus Christus auf eine gesellschaftlich-politische Befreiung. Eine vorrangig, ja ausschließlich politische relecture der Schrift- und Glaubensaussagen verkürze die Erlösungs- und Heilsbotschaft zu einer rein diesseitig-immanentistischen Heils- und Befreiungslehre und instrumentalisiere das Evangelium der Erlösung im Dienst eines ganz bestimmten gesellschaftspolitischen, letztlich marxistischen Programms[7]. Dies führe – wie die römische Instruktion von 1984 (LN IX.3 und 6; X.12) behauptet – zu einem Programm der „Selbsterlösung", zur „radikalen Politisierung" des Glaubens und dazu, daß man „die ganze Heilsökonomie der Erlösung ... leugnet". Wir haben zu prüfen, ob dieser Vorwurf zutrifft, und wir greifen zu diesem Zweck bewußt vornehmlich auf Schriften umstrittener Theologen der politischen Richtung (Gutiérrez, L. Boff, Sobrino) zurück, die selbst genügend zu Wort kommen sollen.

II

Zum Schlüsselbegriff „Befreiung"

„Befreiung" ist seit der Zweiten Generalversammlung des Lateinamerikanischen Episkopats 1968 in Medellín/Kolumbien der Schlüsselbegriff des pastoral-prophetischen Neuaufbruchs der lateinamerikanischen Kirche und der diesen Aufbruch reflexiv begleitenden „Befreiungs"-Theologie. Was in Lateinamerika unter Begriffen wie Befreiungspraxis und Befreiungstheologie zusammengefaßt wird, ist viel reicher und tiefer, als der Begriff Befreiung für viele deutsche Zeitgenossen vermuten läßt, die mit ihm vor allem und einseitig politische Befreiungsbewegungen assoziieren. Gewiß ist der Begriff Befreiung – hier wie dort – vielerlei Mißverständnissen ausgesetzt; doch dieses Schicksal teilt er mit anderen wichtigen Begriffen wie etwa dem der Liebe. Trotz aller möglicher Mißverständnisse: verzichten kann man auf den Begriff nicht; man kann ihn aber genauer bestimmen. Und das tut die Befreiungstheologie durchaus. Was meint sie mit „Befreiung?" Und in welchem Verhältnis steht Befreiung zu Erlösung?

1. Die Intention: Überwindung abendländischer Dualismen und Wiedergewinnung eines ganzheitlichen Erlösungsverständnisses

Der hergebrachte Begriff Erlösung hat nach Gutiérrez anders als im Alten und im Neuen Testament *heute* den Nebenton der Weltflucht[8]. Er enthält zwei Komponenten: die gegenwärtige Vergebung der Sünden, die mehr das Innere des einzelnen Menschen betrifft, und die überirdische Vollendung im Jenseits. Er ist stark bestimmt von der unbiblischen dualistischen Aufspaltung Materie–Geist, Zeit–Ewigkeit, Profangeschichte–Heilsgeschichte[9].

Der Preis: die soziale, politische, wirtschaftliche, materielle Welt, die doch auch zu Gottes Schöpfung gehören, fallen aus der Erlösung heraus. Eine bloß innere und jenseitige Erlösung droht zur ideologischen Rechtfertigung der irdischen Ungerechtigkeit mißbraucht zu werden. Liberale, auch fromme Christen und Theologen haben ja ihre Schwierigkeiten damit, nicht nur den persönlichen und zwischenmenschlichen, sondern auch den notwendigerweise konfliktgeladenen wirtschaftlichen und politischen Bereich mit Versöhnung und Erlösung in Zusammenhang zu bringen[10].

Mit ihrem Begriff von Befreiung will die Befreiungstheologie genau dieser dualistischen Aufspaltung von rein religiöser Erlösung und bloß politisch-sozialer Befreiung entgegenwirken, will sie die Segmentierungen und Halbierungen des Lebens und des Christseins überwinden helfen. Jesus hat kein rein innerlich-jenseitiges Heil gebracht, sondern ein Heil, das Menschen – und zwar anfanghaft schon hier und jetzt – bis in ihre Leiblichkeit und in ihre Sozialität hinein heilmacht.

Einige beliebig vermehrbare Zitate, um die Übereinstimmung unter den Befreiungstheologen zu dokumentieren. Bischof Antônio Fragoso: „Christus will die Befreiung des Menschen, und zwar die vollkommene ..., vollständige Befreiung des Menschen, nicht nur die einseitig geistige."[11] Der eher der gemäßigten pastoralen Richtung zuzurechnende (heutige Kardinal) Eduardo Pironio: „Wir dürfen die Befreiung weder auf die bloße Sphäre des Innerlichen und Endgültigen (Gnade und Eschatologie) beschränken, noch dürfen wir sie auf das rein Geschichtliche und Zeitliche reduzieren."[12] Der eher der politischen Richtung zugehörige Leonardo Boff: „Statt Rechtfertigung sagen wir Befreiung. Dieses Wort meint dieselbe Wirklichkeit, betont aber deren dynamische und geschichtliche Dimension" und wehrt einem privatistischen und verinnerlichten Mißverständnis; Boff versucht deshalb „Gnade als Befreiung von *jeder* Unterdrückung" zu denken[13].

Wenn Kritiker unter anderem der Befreiungstheologie – mit einer Formulierung von H. Schelsky – eine Schwerpunktverlagerung „vom Seelenheil zum Sozialheil", ja eine „Identifizierung von Seelenheil und Sozialheil" vorwerfen und – mit dem Systemtheoretiker N. Luhmann – davon sprechen, daß hier eine „relative Schwäche im zentralen Kern religiöser Aktivität ... durch ein Mehr an sozialem Aktivismus kompensiert" werde[14], so entstellen sie die Ansicht der Befreiungstheologie gründlich, offenbaren ihre eigene Unkenntnis biblischer Religiosität und dokumentieren ihr tiefes Unverständnis für die Situation der Befreiungstheologen und deren reiche, zentral und tief religiöse, nur eben – und das widerspricht bürgerlicher Religiosität – nicht einfach von der Alltagswelt abgespaltene, sondern sie durchdringende Spiritualität[15].

2. Drei zusammenhängende Bedeutungsebenen des komplexen Befreiungsbegriffs

Gutiérrez hat bereits 1971 von einem einzigen, umfassenden Prozeß der Befreiung gesprochen, innerhalb dessen drei Ebenen oder Dimensionen zu unterscheiden sind:

1) die sozial-politische Befreiung unterdrückter Bevölkerungsmehrheiten aus der Situation von Ungerechtigkeit, Ausbeutung, Gewalt (politisch-ökonomische Ebene);

2) die geschichtliche Befreiung von dem, was Menschen daran hindert, aktives Subjekt ihrer eigenen Geschichte zu werden und sich zu entfalten (historisch-anthropologische Ebene);

3) die durch Christus im Glauben eröffnete Befreiung *von* der Sünde, dem gebrochenen Verhältnis zu Gott (als der „letzten Ursache" jeder menschlichen Entzweiung, Ungerechtigkeit und Unterdrückung), *zu* einem Leben in liebender Gemeinschaft mit Gott und allen Menschen (theologisch-soteriologische Ebene)[16].

Diese drei Ebenen der Befreiung sind wohl zu unterscheiden, weil nicht aufeinander reduzierbar. Aber sie sind nicht zu trennen, vielmehr bedingen und durchdringen sie sich gegenseitig (in einer reziproken, nicht-reduktiven Korrelation). Man darf sie nicht auseinanderreißen oder eine der Ebenen einfach ausblenden: weder die politisch-ökonomische (so die ständige liberale und fromme Versuchung) noch die spirituell-theologische (welche der Befreiungstheologie nicht weniger wichtig ist als anderen Theologien).

Diese Bestimmung des Befreiungsbegriffs hat sich bei den Befreiungstheologen ziemlich allgemein durchgesetzt. Nahezu alle Befreiungstheologen werden nicht müde, die Zusammengehörigkeit der genannten drei Ebenen zu betonen und von der umfassenden, ganzheitlichen oder „integralen Befreiung" auf allen drei Ebenen zu sprechen[17]. „Es handelt sich nicht um eine Theologie *einer* dieser Befreiungen, vielmehr geht es darum, diese drei Ebenen zu verbinden."[18]

Gutiérrez selbst hat seinen Kritikern möglicherweise durch die Reihenfolge, die er aufstellt (1. politische, 2. historische, 3. theologische Ebene), einen gewissen Anlaß gegeben, seiner Befreiungstheologie politische Kopflastigkeit vorzuwerfen. Andere, wie etwa Juan Carlos Scannone, haben die Reihenfolge der drei Ebenen daher gelegentlich einfach herumgedreht[19]. Für den Grundansatz des befreiungstheologischen Erlösungsverständnisses ändert das nicht viel, weil man bei den drei – klar zu unterscheidenden, aber sich durchdringenden – Ebenen oder Dimensionen konkret-praktisch einsteigen kann, wo man will (immer wird man auch zu den beiden anderen Dimensionen geführt).

Die Befreiungstheologen versuchen eine *politische Verkürzung* des Evangeliums tunlichst zu vermeiden. Sie sehen weithin die umgekehrte Gefahr gegeben, nämlich eine *privatistische Verkürzung,* eine unbiblische Verengung des grundlegend religiös-theologischen Charakters der christlichen Botschaft auf das Individuell-Private und Jenseitige. Die Bischofsversammlung in Puebla äußert sich entsprechend: „Das Christentum muß die menschliche Existenz in ihrer Gesamtheit evangelisieren, zu der auch die politische Dimension gehört. Daher kritisiert die Kirche diejenigen, die den Glaubensbereich auf das persönliche oder familiäre Leben reduzieren wollen und die berufliche, wirtschaftliche, gesellschaftliche und politische Ebene ausschließen möchten, so, als ob Sünde, Liebe, Gebet und Vergebung dort ohne Gewicht wären" (Puebla 515).

3. Folgen für das Verhältnis von Glaube und Politik[20]

Auch sie (3. und 1. Ebene) sind zu unterscheiden und dürfen nicht einfach direkt vermischt werden – ohne Vermittlung durch den rationalen, kritisch-kreativen Entwurf eines neuen Menschseins in einer solidarischeren Gesellschaft (2. Ebene; hier wäre der Ort der kirchlichen Soziallehre). Gutiérrez ist hier bereits 1972 ganz klar[21]: Ohne solche Vermittlung durch einen realitätsbezogenen, mit Praxis verknüpften, kritisch-prospektiv rationalen Entwurf von Mensch und Gesellschaft drohen einerseits „Befreiung von Sünde und Gemeinschaft mit Gott in Solidarität gegenüber allen Menschen" sich „zu Idealismus und Weltflucht (zu) verdünnen" und sich nicht „in die Pflicht der sozialen Praxis nehmen" zu lassen. Ohne „rationale Situationsanalysen" und ohne Vermittlung eines utopisch-rationalen, ständig der Revision unterworfenen Projekts kommt es andererseits „zu Verwirrungen, die in einem gefährlichen politisch-religiösen Messianismus enden können, der weder die Autonomie des politischen Bereichs respektiert noch das, was einem echten Glauben entspricht".

Eine *unvermittelte Verbindung* von Glaube und Politik führt entweder zu einer politisierenden Theologie (unmittelbare Ableitung politischer Optionen aus dem Glauben) oder zu einer theologisch überhöhten (mit religiöser Dignität versehenen) Politik. Gegen beides wehren sich die Befreiungstheologen, und beides findet sich bei ihnen nicht mehr als – mutatis mutandis – bei europäischen Kirchenfürsten, Theologen und Soziallehrern.

Umgekehrt wehren sich die Befreiungstheologen aber auch ganz entschieden gegen die übliche rhetorisch-*abstrakte Trennung* der Dimensionen Glaube und Politik[21a]. Der Christ, der Theologe, die Kirche – jeder ist an einer bestimmten Stelle der Gesellschaft angesiedelt und ist selbst gesellschaftlicher Akteur: Sein gesellschaftlicher Standort bestimmt die Wahl seiner Themen und Akzente, seine Interessen und Ausklammerungen, seine Sicht und sein gesamtes Handeln mit. Die christliche Existenz und die Präsenz der Kirche in der Welt haben immer eine unaufhebbare „öffentliche" (politische) Dimension, wenngleich sie sich nicht in ihr erschöpfen. Auch jede Theologie steht – bei aller inneren Autonomie bezüglich Wahrheitsquellen, -regeln und Denkwege – stets in einer äußeren Abhängigkeit vom gesellschaftlichen Kontext und Standort[22]. Es ist daher eine abstrahierende, vom Problemkern ablenkende Verschleierung der Sachlage, wenn interessierte Politiker und Kirchenleute mahnen, Kirche und Theologie dürften sich nicht in die Politik einmischen. Sie tun dies stets und auf vielerlei Weise durch ihr gesamtes Dasein und Agieren: wenn schon nicht auf sehr direkte Weise (durch massive Eingriffe), dann indirekt und verdeckt (als Handlanger und Nutznießer einer bestimmten Machtpolitik) oder durch scheinbare politische Zurückhaltung und Enthaltsamkeit (qui tacet, consentit; Forderungen der kirchlichen Soziallehre nach tiefgreifenden Veränderungen, wie z. B. Vorrang der Arbeit vor Profitsteigerung, Mitbeteiligung aller am sozialen und politischen Leben, universelle Bestimmung der materiellen und kulturellen Güter[23] werden dadurch verleugnet oder verraten).

Den Befreiungstheologen geht es um prophetische Aufdeckung der tatsächlichen Sachlage und so auch um Bewußtmachung der politischen Dimension von Kirche und Theologie. Sieht man von den auch sonst üblichen Verzeichnungen professionell-theologischer Bestimmungen auf der nichtprofessionellen Ebene ab, so läßt sich den Befreiungstheologen kaum einmal vorwerfen, daß sie den theologischen Befreiungsbegriff (3. Ebene) schlicht politisieren oder irgendeine konkrete Politik theologisch aufladen[23a]. Vielmehr artikulieren sie – zwischen den einander entgegenstehenden und sich zugleich *bedingenden* Positionen der Individualisierung des Glaubens und der Politisierung des Glaubens – ihren voraussetzungsreichen und differenzierten Befreiungsbegriff.

Übrigens nimmt nun die grundlegendere, im Ganzen viel bedeutendere und positivere zweite römische Instruktion von 1986 „Libertatis conscientia" (über die christliche Freiheit und die Befreiung) den Kern dieses Befreiungsbegriffes auf und spricht ihrerseits von „ganzheitlicher Befreiung" und vom „Wohl des Menschen in allen seinen Dimensionen" (LC 63). Irdische Befreiungen und Fortschritte einerseits und Evangelisierung bzw. Wachsen des Gottesreiches andererseits seien zwar sorgfältig zu unterscheiden, aber nicht zu trennen, sondern in Einheit zusammenzuhalten (LC 60 und 64). Diese Instruktion betont mehrfach den Vorrang der theologisch-soteriologischen Dimension vor der ethischen und strukturellen Dimension im theologisch-christlichen Befreiungsbegriff (LC 23; 63; 71; 75; 99). Diese sachlogisch-theologische Priorität der soteriologischen Dimension wird aber von den Befreiungstheologen keineswegs bestritten.

III

Befreiung von Sünde: Zum Sündenverständnis der Befreiungstheologie

Die Erlösung durch Jesus Christus zielt – dogmatisch gesehen – wesentlich auf die Sünde, wie die erste römische Instruktion von 1984 (LN IV. 2 und 12; X. 7) herausstellt. Aber Sünde ist selbst ein analoger Begriff mit verschiedenen Dimensionen. Die *formale* Gestalt der Sünde ist gewiß immer die Abkehr von Gott und die Absolutsetzung (Vergötzung) bestimmter geschöpflicher Realitäten (ego, Besitz, Geld, Gewinn, militärische Sicherheit usw.) unter Mißachtung und auf Kosten der anderen Geschöpfe. Sünde als Verachtung Gottes, Verkrümmung in sich selbst und Vergötzung endlicher Größen geschieht aber nicht – wie noch die zweite Instruktion von 1986 (LC 37–42) nach Art des platonisch-augustinischen theoria-contemplatio-Modells nahezulegen scheint – abstrakt im gleichsam isolierten Innern des Menschen, sondern biblisch gesehen im Innern des Menschen als dem Einfallsort äußerer Machteinflüsse und als dem Austragungsort entsprechender praktischer

Entscheidungen, Handlungen und Verhaltensweisen zu Menschen, Mustern, Strukturen usw. Die *Materialisierung* der sündigen Verkehrtheit ist darum bedingt durch die geschichtlich-faktisch gegebenen Möglichkeiten zu handeln. Da spielen Macht, Reichtum, Gewalt, Unterdrückung, Ausbeutung, Abhängigkeit, Fremdbestimmung, Armut, Elend eine erhebliche Rolle. Befreiungstheologie will deshalb von Sünde nicht abstrakt reden, sondern kontextuell, d. h. bezogen auf die ausweglos erscheinende Situation der Mehrheit der lateinamerikanischen Menschen[24].

1. Erweiterung des gewohnten individualistischen Sündenverständnisses

Im europäischen Christentum gibt es eine lange Geschichte der Privatisierung der Sünde, die bis heute andauert. Sünde (und ebenso Umkehr/Buße) wird weithin auf das Individuum und seine Innerlichkeit bezogen, als Störung der – weltlos und schmal gewordenen – Beziehung zwischen dem einzelnen und seinem Gott begriffen. Allenfalls wird sie auch auf die persönlichen Beziehungen bezogen, kaum je aber auf die gesellschaftlichen, wirtschaftlichen, öffentlichen Verhältnisse. (Aus diesen hat sich die christliche Spiritualität seit dem Spätmittelalter immer mehr zurückgezogen, so daß diese Bereiche sich weitestgehend ohne Einspruch des Glaubens oder Durcharbeitung von ihm her entwickelten und entsprechende Versuche vom Glauben her heute an der vielbeschworenen „Eigengesetzlichkeit" dieser Bereiche abprallen und wie weltfremd anmuten.)

Die Befreiungstheologen plädieren für ein umfassenderes und im Grunde biblischeres Sündenverständnis. Sie sprechen nicht nur von personaler Sünde, sondern *auch* von „sozialer" und von „struktureller" Sünde[25]. Damit ist Sünde keineswegs auf die sozial-strukturelle Dimension verkürzt (wie die römische Instruktion von 1984 [LN IV.14] unterstellt), das überlieferte Verständnis ist vielmehr vorausgesetzt, und sein *voller Gehalt* soll gegenüber allen individualistisch-spiritualistischen Verengungen *wiedergewonnen* werden. Es wird nicht bestritten, daß Sünde quer durch alle Klassen und Schichten eine Wirklichkeit des Menschen darstellt (vgl. Röm 3,9.23): „niemand ist so begnadet, daß nicht auch in ihm die unterdrückerische Sünde wohnte."[26] Keineswegs wird also – wie schon unterstellt wurde – Sünde auf die „Unterdrückung der einen Klasse durch die andere zurückgeführt"[27].

Die Befreiungstheologie begnügt sich freilich auch nicht mit einer allgemeinen Rede von Sünde, sondern wagt die nämliche *Konkretheit* wie die alttestamentlichen Propheten, wie Jesus, der Jakobusbrief (z.B. 2,1–13) oder viele Kirchenväter. Wenn z.B. Segundo Galilea in der gegebenen Situation die „Sünder" auch identifiziert durch den Mißbrauch der Macht des Geldes, welcher Ausbeutung und Elend erzeugt[28], dann hat er die Bibel auf seiner Seite, für welche die Gier nach Reichtum die Ankunft der Gottesherrschaft beim Menschen verhindert (Mk 4,19) und ein Reicher nur schwer in das Gottesreich kommt (Mt 10,23.25); oder er hat jene Kirchenväter auf seiner Seite, für welche „alle Reichtümer der Ungerechtigkeit entspringen" (Hieronymus) und „Reichtum nie ohne Sünde erworben, nie ohne Sünde verwaltet" wird (Isidor von Sevilla)[29]. Die sogenannte „vorrangige Option für die Armen" (Puebla 1134 ff), vorgängiges Moment und Grundlage der Befreiungstheologie, ist freilich *keine exklusive* Option für die Armen; sie schließt die Begüterten nicht aus[30], sondern appelliert – mit Jesus – an sie, sich zum Andern, Geringsten, Verlorenen zu bekehren und sich seiner so anzunehmen, daß seine Lage sich bessert (vgl. z.B. Mt 25,31–45; Lk 15,25–32).

2. Einbeziehung der sozial-strukturellen Dimension in den Sündenbegriff

Dem umfassenden Befreiungsbegriff entspricht ein umfassender Sündenbegriff. Er umgreift alle drei genannten Ebenen: die politisch-ökonomisch-strukturelle, die historisch-interpersonale, die transzendent-theologische. Befreiung von der Sünde finden wir nach dem Schlußdokument von Puebla „durch die Teilhabe an dem neuen Leben, das uns Jesus Christus bringt", unter der Bedingung, daß wir es „auf den drei soeben dargelegten Ebenen leben, ohne eine von diesen Ebenen auszuschließen" (Puebla 329); denn in diesem Falle „verstümmeln wir die Befreiung unweigerlich" (Puebla 485).

Die Aussage der römischen Instruktion von 1984 (LN X.7), daß Erlösung „zuerst" auf Sünde, die

„Quelle aller Übel", ziele, findet sich ganz ähnlich – nur weniger abstrakt – bereits 1971 bei Gutiérrez. Nach ihm steht „Erlösung in unmittelbarer Beziehung zur Sünde, die – als Bruch der Freundschaft mit Gott und den anderen – eben eine menschliche, soziale und historische Wirklichkeit darstellt und ihren Ursprung in einer gesellschaftlich und geschichtlich situierten Freiheit findet". „Sünde als Bruch der Freundschaft mit Gott und den Menschen ist ... der *letzte Grund für alle Misere,* Ungerechtigkeit und Unterdrückung, in der Menschen leben."[31]

Konkret aber spielt Sünde als Bruch mit Gott (theologische Ebene) sich nicht nur in der individuellen Intimität ab, sondern erfaßt *immer* die andern Ebenen (zwischenmenschlich-anthropologische, politisch-strukturelle) und ist gerade *so* „der letzte Grund für alle Misere, Ungerechtigkeit und Unterdrückung". Die Ebenen bedingen einander und sind doch klar zu unterscheiden. Deshalb betont Gutiérrez – entsprechende Aussagen der zweiten Instruktion von 1986 vorwegnehmend – sowohl dies, daß „hinter einer ungerechten Struktur ein persönlicher oder kollektiver Wille steht, der Gott und die anderen von sich weist", als auch dies, daß „eine soziale Veränderung, mag sie noch so radikal sein, nicht automatisch die Überwindung aller Übelstände mit sich bringt"[32]. Ein marxistisch-soziologistischer Kurzschluß findet sich bei ihm und den allermeisten Befreiungstheologen also gerade nicht.

Da nun die Befreiungstheologen – gegen alle einseitig individualistisch-innerliche Interpretation –

die umfassende Bedeutung der Sünde zurückgewinnen wollen, stellen sie verständlicherweise vor allem die vergessene leiblich-materielle, soziale, politisch-strukturelle Dimension heraus, ohne freilich die persönlich-spirituelle Dimension zu leugnen oder auch nur zu vernachlässigen. Der theologische Begriff der Sünde wird nicht – wie die römische Instruktion von 1984 unterstellt[33] – umgedeutet, sondern dadurch erweitert und konkretisiert, daß er – wie andere theologische Begriffe und Glaubensinhalte auch – in die reale Situation und ihre Deutung hineingezogen wird.

Die lateinamerikanische Situation ist aber von einem massenhaften, unsäglichen Elend gekennzeichnet. Das Schlußdokument von Puebla beschreibt sie mit Stichworten wie extreme Armut und Marginalisierung großer Mehrheiten, immer größer werdende Kluft zwischen Reichen und Armen, Massenarbeitslosigkeit ohne soziales Netz, Hungerlöhne, täglicher Kampf ums Überleben, Unterernährung, Hungertod; Repression, Folter, Terror durch Gewaltregime oder Machtmißbrauch von Militärs, Großgrundbesitzern usw. (Puebla 28–62 u. ö.). Als Ursachen des Elends nennt Puebla auf der Ebene *sozialwissenschaftlicher* Erklärung: fehlende Strukturreform in der Landwirtschaft, Wettrüsten, mangelnde Integration der lateinamerikanischen Nationen, die nicht am Menschen als Mitte orientierten Wirtschaftssysteme des liberalen Kapitalismus *und* des marxistischen Staatskapitalismus, die wirtschaftlich-politische Abhängigkeit von multinationalen Firmenzusammenschlüssen, die Krise moralischer Werte (Profitsucht,

Käuflichkeit, Kapital- und Intelligenzflucht, mangelnde Solidarität) (Puebla 63.69.550 u. ö.).

Unter den Befreiungstheologen besteht Einmütigkeit in der ethischen und theologischen Bewertung dieser Situation. Deshalb qualifiziert auch Puebla diese Situation *ethisch* als „Situation der permanenten Verletzung der Menschenwürde" (Puebla 41), der „institutionalisierten Ungerechtigkeit und Gewalt" (Puebla 46.509.1258), die Gewalttätigkeit und Unrechttun fördert, und beurteilt sie *theologisch* als „Situation der Sünde", als „System der Sünde", als den Strukturen „innewohnende" Sünde, die viele Menschen versklavt und die Freiheit aller unterdrückt[34]. Hier wird genau das, was Paulus als Machtbereich und Herrschaft der Sünde bezeichnet, auf den konkreten Kontext bezogen und neu buchstabiert.

Sünde ist nicht nur als persönliche, willentliche Tat, die der einzelne auf sich lädt, zu verstehen, sondern *auch* als die – von Gott und anderen *trennende – Macht*, die sich in Denk- und Verhaltensmustern, in gesetzlichen Regelungen und Institutionen, also in Strukturen objektivieren und kristallisieren kann, welche dann die Wahrnehmung der Menschenwürde und Menschenrechte behindern oder verunmöglichen. Gewiß: Soziale, politische, wirtschaftliche Institutionen und Strukturen werden von Menschen gemacht und aufrechterhalten. Doch ihr struktureller Charakter besteht gerade darin, daß sie eine dem subjektiven Bewußtsein und Willen der Individuen gegenüber selbständige, äußerlich-objektive Realität angenommen haben und nicht der jedesmaligen Willenszustimmung der Menschen bedürfen, die sie aufrechterhalten. So kann in Institutionen und Strukturen auch die Sünde eine gegenüber den personalen Einzelentscheidungen selbständige Macht gewinnen. Sie kristallisiert sich machtvoll in Strukturen voller Unrecht und Gewalt (von denen auch die Kirche nicht eo ipso frei ist).

Wiederum einige beliebig vermehrbare Zitate. Zunächst Eduardo Pironio: „Die Sünde besteht hier in der Ungerechtigkeit der Menschen, welche – aus Selbstsucht, durch Unterlassung oder aus mangelndem Gespür – Strukturen schaffen und aufrechterhalten, die die Menschenwürde unterdrücken. ... All das ... greift Gott an (und darin besteht die Sünde), *indem* es sein Werk angreift."[35] Gutiérrez formuliert es so: „Sünde *wird greifbar* in unterdrückerischen Strukturen, in der Ausbeutung des Menschen durch den Menschen, in der Beherrschung und Versklavung von Völkern, Rassen und sozialen Klassen. Sünde erscheint so ... als fundamentale Entfremdung und Wurzel einer Situation, die durch Ungerechtigkeit und Ausbeutung gekennzeichnet ist."[36] Und Puebla nimmt diese Sicht auf: „Vielfältig sind die Ursachen dieser Situation der Ungerechtigkeit, aber an der Wurzel aller steht die Sünde, sowohl die des einzelnen als auch die, welche den Strukturen selbst innewohnt" (Puebla 1258).

Die skizzierte Sicht wird gelegentlich auch in die knappe und etwas mißverständliche Rede von der *„strukturellen Sünde"* bzw. von „Strukturen der Sünde"[37] gefaßt. Diese Rede hat Befremden hervorgerufen: Können gesellschaftliche Strukturen „sündig" (wohlgemerkt: nicht „schuldig") sein? Nun, sicherlich können Strukturen nicht im Sinne einer willentlichen Abwendung von Gott und Menschen, also im Sinne der subjektiven Schuld, sündig sein. Aber sie können – und so ist es gemeint – objektiv gott- und schöpfungswidrig (gottfern und von Gott fernhaltend, „sondernd") und ein Übel sein, das die liebende Hinwendung zu Gott und seinen Geschöpfen erschwert oder nahezu verhindert; sie können zur Sünde (Sonderung von Gott, Gottferne), zum Bösen verführen, zum verantwortungslosen Mißbrauch von Natur und Mitmensch einladen, das schlechte (statt das gute) Handeln prämieren und dazu fortreißen. Clodovis Boff und Libanio Christo „denken z. B. an eine ökonomische Struktur, in der der Chef den Arbeitern Hungerlöhne zahlen muß, um im Wettbewerb zu bestehen"; oder „an ein politisches Regime, das gegen rebellierende Gruppen Gewalt anwenden muß, um die soziale Ordnung zu erzwingen" [38]. Man kann aber auch an konventionell vorgegebene (politische, ideologische, rassistische, sexistische usw.) Vorurteile oder Verhaltensweisen denken, die wir unbewußt-unkritisch übernehmen und die im Endeffekt unterdrückerisch wirken. Oder an Gesetze, die verbrecherische Praktiken legitimieren und prämieren (etwa das zwar illegale, aber selbst beim Ertapptwerden – wegen der minimalen Strafe – „preisgünstige" und „lohnende" Ablassen von Giftabfällen in die Umwelt; die unvergleichlich hohe Förderung und Subventionierung der global lebensgefährlichen Kernenergie). Ja, Systeme (etwa bestimmte Wirtschafts- oder Verteidigungssysteme) können als ganze zu „institutionalisierter Ungerechtigkeit", zu „Systemen der Sünde" werden, zu Götzen, die man – und gerade darin zeigt sich ihr Götzencharakter – nicht hinterfragen darf und die zu kollektiver Verblendung führen.

3. Notwendigkeit einer doppelten Bekehrung

Wegen der doppelten Sünde im eigenen Herzen und in den ungerechten Strukturen ist in der Sicht der Befreiungstheologen auch eine doppelte Bekehrung vonnöten: die Bekehrung des Herzens zu Gott, die in einer Bekehrung zum Nächsten und Armen real wird, sich inkarniert und die Transformation gottwidriger Strukturen erfordert. Puebla formuliert treffend, „daß die Veränderung der Strukturen ein äußerer Ausdruck der inneren Umkehr ist" (Puebla 1221): „Umkehr des einzelnen sowie tiefgreifende Strukturwandlungen, die den gerechten Bestrebungen des Volkes nach einer in Wahrheit sozialen Gerechtigkeit Genüge tun" (Puebla 30), bilden keine Alternativen, die man gegeneinander ausspielen könnte, sondern gehen Hand in Hand und bilden eine dialektische Einheit.

Strukturveränderung ohne Selbstveränderung ist die materialistisch-kollektivistische Illusion; innere, persönliche Bekehrung ohne Wandel der Strukturen zum Besseren ist die idealistisch-liberal-spiritualistische Illusion. „Ohne eine Veränderung dieser Strukturen gibt es keine echte Bekehrung", stellt Gutiérrez fest[39]. Echte Bekehrung ist bestrebt, die eigene Existenz in allen Dimensionen und Relationen und darum auch ihre Welt für Gott zu öffnen; anders, ohne solches Bestreben oder solche Bereitschaft, ist auch das Herz nicht wahrhaft für Gott offen. Bei Leonardo Boff heißt es deshalb: „Christen, die sich der Verknüpfung zwischen Persönlichem und Strukturellem bewußt sind, können sich nicht mehr mit persönlicher Heiligkeit und der Umkehr allein des Herzens begnügen. Sie wissen, daß sie – um persönlich begnadet zu werden – dafür kämpfen müssen, daß auch die gesellschaftlichen Strukturen von ihren Wurzeln her verändert, bekehrt werden, das heißt: sich der Gnade Gottes öffnen." [40] Es gibt in der Tat Strukturen, die dem Wirken des Geistes Gottes weniger sperrig sind als andere.

In der heutigen lateinamerikanischen Situation kann man daher, wie Puebla sagt, einfach „nicht in Wahrheit seinen Bruder und daher Gott lieben, ohne sich persönlich und oft genug im Rahmen der gesellschaftlichen Strukturen für den Dienst und die Förderung der am meisten verarmten und gedemütigten Gruppen und sozialen Schichten einzusetzen. Dabei *darf man vor den Folgen,* die sich daraus auf der Ebene unserer zeitlichen Realität ergeben, *nicht zurückschrekken."* [41] „Man muß sich zugleich um die Bekehrung der Herzen und um die Verbesserung der Strukturen bemühen", sekundiert nun auch die bedeutsame zweite römische Instruktion von 1986 (LC 75), die vor allem in ihrem fünften und letzten Kapitel „Die Soziallehre der Kirche im Dienst einer christlichen Praxis der Befreiung" (Nr. 71–96) überzeugt.

IV

Erlösung als radikale und totale Befreiung durch Gott

Die Erlösung stellt für die Befreiungstheologen einen umfassenden Prozeß dar, der durch Gottes freie Initiative in Leben, Tod und Auferweckung Jesu Christi ausgelöst wurde, seitdem „noch auf dem Weg zur Vollendung ist" und im Reiche Gottes seine „letztgültige Vollendung" finden wird[42].

1. Die Vorgabe der radikalen Befreiung durch Christus als Ermöglichung und Verpflichtung zur Teilnahme am Befreiungsprozeß

Die Befreiungstheologen betonen immer wieder die Gratuität der Gnade: den Geschenkcharakter des in Jesus Christus ankommenden Gottesreiches, die Vorgabe der Befreiung durch Jesus Christus und sein uns zuvorkommendes Weiterwirken kraft des Geistes. Verdeutlichen wir dies noch einmal an Gutiérrez' programmatischem Werk von 1971.

Hier heißt es: Erlösung als „radikale Befreiung ist

das Geschenk, das Christus bringt. Durch seinen Tod und seine Auferstehung erlöst er den Menschen von der Sünde und all ihren Folgen", also insbesondere von der Macht des Todes[43]. Für Gutiérrez ist Erlösung, mehr formal betrachtet, eine vorgängige „uneingeschränkte und unverdiente Initiative Gottes" und, mehr inhaltlich und positiv betrachtet, „Gemeinschaft der Menschen mit Gott und der Menschen untereinander"[44]. Ganz eindeutig und ohne alle Verkürzung heißt es: „Erlösung besteht somit darin, die Fülle der Liebe zu erlangen, d.h. in den Liebesfluß hineingenommen zu werden, der die trinitarischen Personen miteinander eint. Der *Weg,* der zur Fülle führt, kann demnach kein anderer sein als *die göttliche Liebe selbst,* als *Teilhabe* an dieser Liebe, als *Annahme* des Geschenks, mit dem Geist explizit oder implizit sagen zu können: ›Abba, Vater‹ (Gal 4,6). Denn Annahme ist das letzte Fundament aller Brüderlichkeit unter den Menschen. Sünde bedeutet dagegen Abweisung von Liebe, Gemeinschaft und Brüderlichkeit und steter Widerspruch gegen den eigentlichen Sinn der menschlichen Existenz."[45] Das alles sind entscheidende Aussagen der theologischen Tradition, und Gutiérrez übernimmt sie vollinhaltlich und unverkürzt, und zwar bestimmt nicht aus taktischen Gründen, sondern aus tiefer Glaubensüberzeugung.

Aber diese von Gott durch Christus im Geist geschenkte radikale, d.h. an die Wurzel gehende, Befreiung verurteilt den Menschen – und auch das ist Konsens der großen katholischen Tradition – nicht zur rein passiven Entgegennahme. Sie ist vielmehr

„innerer Motor"[46] einer durch sie ausgelösten Bewegung, die auch irdische Befreiungsbemühungen einschließt. Erlösung ist innerer Grund der Befreiung. So hat derjenige, welcher – von Jesus Christus her – gegen Elend und Ausbeutung kämpft und am Aufbau einer gerechteren Gesellschaft arbeitet, „teil an der Bewegung der Erlösung, die freilich erst noch auf dem *Weg* zur Vollendung ist"[47]. Ganz unbestritten steht zwar fest: das Reich Gottes ist das Reich *Gottes;* es wird nicht von Menschen, sondern von Gott geschaffen. Aber „Gottesreich und soziale Ungerechtigkeit sind unvereinbar"; und deshalb ist „die *Annahme* des Reiches Gottes ... nur auf dem Weg der Errichtung einer gerechten Gesellschaft möglich"[48]. Der Sache nach ist damit nichts anderes gesagt, als was die zweite römische Instruktion unverblümt so ausdrückt: „Die Ungerechtigkeit gegen die Kleinen und Armen ist eine schwere Sünde, die die Gemeinschaft mit Jahwe zerstört" (LC 46).

Ähnliche Aussagen wie bei Gutiérrez finden sich bei den anderen Befreiungstheologen, beispielsweise in Leonardo Boffs Gnadenlehre: Gottes Gnade geht uns voraus; sie disponiert und veranlaßt die Menschen und hilft ihnen, „den befreienden Schritt aus ihrer gottfeindlichen Lage, die die Brüder beleidigt, zu tun"[49]. „Die befreiende Gnade inkarniert sich im beschwerlichen, aber befreienden Weg des Menschen."[50] Im Schlußdokument von Puebla heißt es: Die christliche „Freiheit ist Geschenk und Aufgabe zugleich"; sie kann nicht erreicht werden ohne „die umfassende Befreiung", weil Christus uns für die Freiheit befreit hat, damit wir das Leben in Fülle haben als Kinder Gottes und Miterben Christi (Puebla 321 f). Diese umfassende Befreiung betreffe alle drei (früher dargelegten) Ebenen, die untrennbar seien (Puebla 326.329).

Mit einem Wort: Die Befreiung ist Geschenk Christi und seines Geistes, *und* sie ist zugleich zu verwirklichender Auftrag an die Christen im Sinne einer Umkehr des Herzens *und* der Strukturen.

2. Erlösung als Befreiung von der Sünde auf allen drei Ebenen

Erlösung ist die Befreiung von der Sünde, und zwar auf allen drei Ebenen: der theologalen, der interpersonalen und der strukturellen. Im Licht des Evangeliums erweist sich für die Befreiungstheologen die *Sünde* als die „*Wurzel* allen Elends und aller Ungerechtigkeit" und als „das grundlegende Hindernis für das Gottesreich"[51]. Die Wurzel aber zeigt ihre ganze Gefährlichkeit in den Früchten; die ungeheuren sozialen Auswirkungen bringen überhaupt erst zutage, was Sünde eigentlich ist und bewirkt. „Sünde fordert (daher) eine radikale Befreiung, die jedoch notwendigerweise eine politische Befreiung *miteinschließt*"[52] und ohne sie nicht recht zur Wirkung kommt. Umgekehrt gilt: „Befreiung von der Sünde ist der *Kern* jeder politischen Befreiung."[53] Das aber bedeutet: „Die Wurzel des Elends und die letzte Bedingung für eine neue Gesellschaft sind *nur für den erreichbar,* der das befreiende, alle Erwartungen übertreffende Geschenk Christi annimmt."[54] Ohne die Annahme seiner Vergebung und das Leben aus ihr können alle noch so gut gemeinten politischen Aktivitäten und strukturellen Veränderungen nicht zu wirklicher Befreiung der Menschen führen, bleiben sie menschliche Betriebsamkeit und ein Stück Geschäft. Die wechselseitige Durchdringung der drei Ebenen wird also ernst genommen, politische Verkürzung wird gerade vermieden.

Die dieser Gefahr der politischen Verkürzung (des Soziologismus) entgegengesetzte Gefahr ist die der religiös-individuellen Verkürzung (des Theologismus)[55]. Ihr scheint die erste römische Instruktion von 1984 wieder zu verfallen. Sie nämlich spiritualisiert und individualisiert tendenziell die Erlösung genauso wie die Sünde. Schon die Befreiung Israels aus Ägypten ist für sie – wie man staunend liest – eher religiöser denn politischer Natur (LN IV.3)[56]. Überhaupt faßt diese Instruktion den biblischen Befreiungsbegriff einseitig und verengt, nämlich *isoliert* religiös (LN IV.5 und 12), mit dem Effekt, daß sie ihn neutralisiert, daß sie einer sozial-ökonomisch womöglich allzu folgenreichen Konkretion ausweicht und die Reichen in ganz unbiblischer Weise schont[57]. Mag auch die zweite Instruktion von 1986 hier manches zurechtrücken, so hat doch, was Gutiérrez 1972 schrieb, nichts an Aktualität verloren: „Wer den Begriff des Heils beeinträchtigt, das sind vor allem diejenigen, die die Erlösung auf das bloß ›Religiöse‹ einengen ... Das sind diejenigen, die – in der Absicht, das Heil zu schützen (oder eigene Interessen zu verteidigen ...) – es von dort fernhalten, wo der Puls der Geschichte schlägt ... Das sind diejenigen, die – in der Absicht, das Werk Christi zu ›retten‹ – es zugrunde richten."[58]

Es stellt einen unverzichtbaren (und noch längst nicht hinreichend rezipierten) Beitrag der Befreiungstheologie zur Vertiefung der theologischen Reflexion dar, daß sie die drei Ebenen von Befreiung (und von Sünde) und ihren unauflöslich engen Zusammenhang zugleich herausgearbeitet hat. Hinter den damit erreichten Reflexionsstand können Theologie und Lehramt nicht mehr ungestraft zurückfallen.

In einem Text von Puebla wird der gemeinte Sachverhalt folgendermaßen zusammengefaßt (Puebla 326–328)[59]: Gnade sei die Lebensgemeinschaft mit Gott in der Liebe, Sünde die Versagung der kindlichen Liebe und die Geringschätzung des Vaters. Beide Möglichkeiten, *Sünde wie Gnade, erstreckten sich zugleich auf die beiden anderen Ebenen,* so daß, was sich auf der theologal-personalen Ebene als den Menschen erniedrigender Bruch mit Gott bzw. als liebende Teilhabe am Leben Gottes darstellt, auf der interpersonalen Ebene als Egoismus mit Ungerechtigkeit und gewaltsamer Beherrschung bzw. als liebender Dienst besonders an den Armen und als neue partizipative Gemeinschaft erscheint, auf der strukturellen Ebene aber als Situation der Abhängigkeit und Unterdrückung bzw. als deren Veränderung zu mehr Gleichheit und Partizipation. Es gelte, das neue von Jesus Christus gebrachte Leben auf allen drei Ebenen zu leben, ohne eine von ihnen auszuschließen. „Dann verkürzen wir es weder auf einen *Vertikalismus* einer spirituellen Verbindung mit Gott ohne Einbeziehung des Leiblichen, noch auf einen simplen existentiellen *Personalismus* von Bindungen einzelner oder kleiner Gruppen untereinander, und noch viel weniger auf einen *Horizontalismus* sozioökonomisch-politischer Art" (Puebla 328).

3. Das Verhältnis von eschatologischer Erlösung und menschlicher Befreiung: mißdeutbares Vorzeichen und begrenzte Antizipation

Es geht also um die „Inkarnation des Eschatologischen im Geschichtlichen"[60], darum, daß der biblisch-christliche Glaube die Erlösung „in die geschichtliche Wirklichkeit und die scheinbar profane Existenz des Menschen hineinholt"[61] – ganz anders als alle weltflüchtig-pessimistische Religiosität. Es geht darum, daß „Erlösung als Gemeinschaft der Menschen mit Gott und ... untereinander" schon in dieser Welt vorläufig real und konkret wirksam wird, innovatorisch die ganze Existenz und das Handeln der Menschen verändert und auf diesem Wege auch die geschichtliche Situation; daß Heil „auch (schon) eine innergeschichtliche Wirklichkeit" sein will und nicht bloß eine innerliche und jenseitige[62].

Wie aber wird dieses Ineinander von Befreiung und Erlösung gesehen? Manche Aussagen erwecken auf den ersten Blick in der Tat den Eindruck, als würden die durch Christus gewirkte Erlösung (Versöhnung), die erhoffte volle Erlösung (Vollendung) und die irdische Befreiung in etwa identifiziert. Bei Gutiérrez finden sich solche Aussagen[63]: „Das Wachsen des Reiches ist ein Prozeß, der sich geschichtlich *in* der Befreiung vollzieht ... Man kann sagen, das politische und geschichtliche Befreiungsgeschehen *sei* Wachstum des Reiches, *sei* Heilsereignis." Wenn man freilich weiterliest, sieht man, daß sofort angefügt wird: „Jedoch ist es weder das *Kommen* des Reiches selbst noch die *ganze* Erlösung." Der „Befreiungsprozeß wird die Wurzeln der Unterdrückung und Ausbeutung des Menschen durch den Menschen erst mit dem Advent des Reiches besiegen, das aber vor allem ein Geschenk bleibt". Alles menschliche Befreiungswerk (auch das „religiöse" Werk), heißt es weiter, ist „nicht frei von Mißverständlichkeiten". Das Reich nimmt zwar „Gestalt an in geschichtlichen Befreiungsversuchen", aber es weist auch „auf ihre Grenzen und Doppeldeutigkeiten hin", treibt sie über sich hinaus. *„Wir identifizieren nichts"*, heißt es wörtlich; doch die „Differenz" zwischen Erlösung und Befreiung müsse „dynamisch" gesehen werden.

Ähnlich heißt es an anderer Stelle: „Die Schaffung einer gerechten Gesellschaft hat den Wert der *Annahme* des Gottesreiches, oder – in einer uns vertrauten Sprachfigur – die Teilnahme am Befreiungsprozeß des Menschen *ist* schon *in gewisser Weise* Heilswerk." [64] Wie ist die Formulierung „ist schon in gewisser Weise" zu verstehen? Einen Fingerzeig gibt eine Stelle, wo Gutiérrez sagt, daß der Kampf für eine gerechtere Welt das Kommen des Gottesreiches „anzeige" [65], also sein Anzeichen sei. Deutlich wird das in einer andern Arbeit formuliert: „Die Überwindung von Elend und Ausbeutung ist ein *Zeichen* für das Kommen des Reiches." [66] Der Sache nach das gleiche sagen andere Befreiungstheologen, etwa Jon Sobrino: Was in einer der Liebe Gottes entsprechenden (Leben, nicht Tod bringenden) Liebe zu den Armen hervorgebracht wird, „transzendiert sich selbst und ist deshalb *Vermittlung* der Transzendenz Gottes"[67]. Oder Leonardo Boff: „Die endzeitliche Erlösung kommt nie senkrecht vom Himmel zu uns herab, sondern immer durch Vermittlungen", so, „daß die Menschen das Heil in geschichtlich begrenzten Vermittlungen *antizipatorisch erfahren* können"[68]. „Schon in der Geschichte kündet und *signalisiert* der Glaube ein Heil, das die Geschichte selbst nicht hervorbringen kann", das „aber bereits hier auf Erden beginnt"; „ein gutes Leben in der Welt antizipiert, beschleunigt, ja verwirklicht schon das Reich Gottes in der Geschichte"[69]. Die entscheidende II. Vollversammlung des lateinamerikanischen Episkopats in Medellín (1968) konnte sagen: „Jede Befreiung ist schon eine *Vorwegnahme* der vollendeten Erlösung durch Christus."[70]

Nimmt man die Stichworte „Zeichen", „Signal", „Vermittlung", „antizipatorische Verwirklichung", „Vorwegnahme" zusammen, so legt sich die Kategorie „Sakrament" nahe, die bei manchen Befreiungstheologen tatsächlich eine besondere Rolle spielt. Befreiungen auf der geschichtlich-anthropologischen und auf der politisch-ökonomischen Ebene wären dann – *ähnlich (!) wie ein Sakrament – Realsymbol,* also Zeichen, vorbereitendes Werkzeug und proleptisch anbrechende Wirklichkeit der umfassenden, endgültigen Erlösung. Hier wird also die von LC 60 geforderte sorgfältige Unterscheidung ohne Trennung geleistet und darüber hinaus an einer hilfreichen näheren Verhältnisbestimmung gearbeitet.

Damit würde dann zugleich auch der Stellenwert der erfahrbaren, materialen, „äußeren" Befreiungsmomente deutlicher bestimmbar: in ihnen liegt *nicht* das Heil begründet (es gibt keine Kausalität von ihnen zum Reich Gottes, Heil ist nicht die Verlängerung von weltlichen Geschäften und nicht in ihnen verrechenbar); aber sie haben den Charakter des (gewiß immer doppeldeutigen und mißdeutbaren) Zeichens und der (immer begrenzten, bruchstückhaften und nur annähernden) Antizipation des vollen Heils und des Gottesreiches. Die zeichenhaften menschlichen, gesellschaftlich-politischen *Vermittlungen* des Heils *sind nicht das vermittelte Heil selbst, aber* doch sein Vorschein und *seine Spur.* Die „äußere" Befreiung und Heilung läßt das endgültige Heil als Verheißung aufleuchten[71], ähnlich wie die „äußeren" Wirkungen der Wunder Jesu dies taten. Und ähnlich wie diese *bürgt* die äußere sozial-politische Befreiung den unterdrückten und armen Menschen dafür, daß Gott in der Erlösung durch Christus den ganzen Menschen bis hinein in seine Leiblichkeit und Sozialität und am Ende die ganze Schöpfung meint.

Freilich erhebt sich nun die Frage: In welcher Hinsicht und bis zu welchem Punkt ist eine historische, sozial-politische Befreiung tatsächlich Zeichen, Vermittlung, Antizipation des Heils Jesu Christi, und inwieweit ist sie es nicht? Wieweit reicht die Identifikation, die Inkarnation des Heils?

Dieser Frage wollen wir jetzt nachgehen.

4. Verborgenheit und Erfahrbarkeit des Heilswirkens Gottes in der Geschichte

Wir sahen: Es muß – bei aller Vorläufigkeit und Zweideutigkeit – ein gewisses Maß (wenigstens ein *Minimum) an Erfahrbarkeit* des endgültigen Heiles schon hier und jetzt geben, und das nicht nur wegen der Glaubwürdigkeit der Heilsbotschaft, sondern vor allem wegen ihres inkarnatorischen Charakters. Dieses nicht zu unterschreitende zeichenhafte Minimum an real erfahrbarer größerer Gerechtigkeit und Freiheit hebt in keiner Weise dasjenige auf, worauf insbesondere evangelische Theologen immer wieder mit Recht hinweisen: die Verborgenheit, den Verhüllungscharakter des Handelns Gottes in der Welt und seinen Gerichtscharakter gegenüber all unserem Handeln. Das ist auch – wie wir andeutungsweise sahen – Gutiérrez und den meisten andern Befreiungstheologen nicht fremd.

Leonardo Boff reflektiert in seiner Gnadenlehre immer wieder das Zusammenspiel und die Unterschiedenheit von Gottes Heilshandeln und menschlichem Befreiungshandeln. Ähnlich wie bei Gutiérrez kann es da z. B. heißen: „Die Gnade Gottes ist im Befreiungsprozeß nicht so präsent, als ob dieser eine eigene Wirklichkeit und die Gnade eine zweite, gesonderte Realität wäre. Der Befreiungsprozeß bildet selbst schon, *insofern* er auf die Ankunft eines brüderlicheren, auf Teilhabe ausgerichteten und auf Gott hin geöffneten Lebens abzielt, die Gegenwart der befreienden Gnade in der Welt. Die befreiende Gnade Gottes inkarniert sich im beschwerlichen, aber befreienden Weg des Menschen." [72] Unter Aufnahme von Formulierungen des Tridentinums betont Boff, daß Befreiung *menschliches* Tun ist; „doch" – so fährt er fort – „bewegt und durchdringt *Gott* das Werk des Menschen in einer Weise, daß die Befreiung als von Gott selbst gewirkt bezeichnet werden kann. Der geschichtliche Prozeß antizipiert die endgültige Befreiung im Reich Gottes und bereitet ihn [? richtig wohl: sie] vor. Menschliche Befreiungen gewinnen damit eine *sakramentale* Funktion: Sie besitzen ihr eigenes Gewicht, zugleich bezeichnen und konkretisieren sie vorwegnehmend aber auch, was Gott den Menschen endgültig bereitet hat." [73]

Dies könnte zunächst als gute Zusammenfassung des bisher entwickelten Zusammenwirkens von Gott und Mensch in jeder wahren Befreiung dienen. Der Hinweis jedoch, daß *nur der* – im Glaubensvertrauen – *auf Gott* (und *so* auch auf die andern) *hin geöffnete Befreiungsprozeß* als von Gott gewirkt und von seiner Gegenwart durchdrungen, d.h. als gleichsam sakramental, gelten kann, führt auf einen entscheidenden Punkt. Boff betont, daß „ein solcher Glaube als Projekt Gottes für den Menschen zu beschreiben" sei; und dieses „Projekt Gottes führt das menschliche Projekt *in eine tiefe Krise* ..., in der alle bisherigen Bezugspunkte in Frage stehen" und Umkehr nötig wird[74]. Wenn also nur die Befreiung, die vom für Gott glaubend geöffneten Menschen gewirkt wird, zugleich von Gott selbst getragen und gewirkt ist, wenn sich ferner nicht unzweideutig feststellen läßt, inwieweit ein Mensch wirklich für Gott geöffnet ist, er deshalb immer der Bekehrung bedarf, dann ist sowohl diese glaubende Offenheit geschichtlich verhüllt als auch das Heilswirken Gottes; dieses läßt sich *nicht* in irgendwelchen menschlichen und politischen Befreiungsprozessen *dingfest machen.*

In einem andern Text geht Boff genauer auf die Frage ein, inwiefern eine geschichtliche Befreiung tatsächlich Realsymbol der Erlösung in Christus *sein* und als solche *erkannt* werden kann. „Reich Gottes und gerechte Gesellschaft decken sich nicht völlig", zwischen beiden gibt es „Einheit und Verschiedenheit"; „deshalb können wir von einer Identifikation (es erfolgt eine Identifikation *in*), aber nicht von einer Identität (es erfolgt keine Identifikation *mit*) des einen mit dem anderen sprechen"[75].

Es geschieht also eine geschichtlich-gnadenhafte *Identifikation* des Reiches Gottes *in* (nicht mit) der gerechteren Gesellschaft als Vorschein dieses Reiches, eine Identifikation der Erlösung *in* (nicht mit) der wahrhaften Befreiung als zeichenhafter Vorwegnahme der Erlösung. Was freilich wahre Befreiung ist, wo also das Reich Gottes, das Heil, sich tatsächlich vorweg identifiziert, das ist nicht ohne weiteres und in jedem Fall erkennbar. Weil nämlich in der Geschichte immer auch mit dem Vorhandensein von Sünde zu rechnen ist, können sogenannte Befreiungen, Entwicklungen und Fortschritte auch Ergebnis und Ausdruck von Sünde, von Kurzsichtigkeit und Irrtum, von Selbstsucht und Streben nach eigener Machtsteigerung usw. sein. In der Geschichte *„durchdringen sich die symbolische und die diabolische Dimension* gegenseitig"[76]. Es gibt zwar ohne Frage Situationen (gerade in Lateinamerika und anderswo in der Dritten Welt), die eindeutig und klar genug sind, um beides – Realsymbolisches und Diabolisches – in hinreichendem Maße unterscheiden zu können. Aber es gibt auch solche Situationen, in denen eine solche Unterscheidung nur schwer oder kaum gelingen will[77].

In jedem Fall aber bedarf es nach Boff zur Unterscheidung der Geister der vom Licht der Erlösung und des Glaubens erleuchteten Urteilskraft. Hier weitere Kriterien zu entwickeln wäre erneut eine lohnende Aufgabe.

Nochmals von einer anderen Seite her hat Jon Sobrino den gleichen Sachverhalt beleuchtet: „Die lateinamerikanische Theologie legt mehr (sc. als europäische) Nachdruck darauf, daß die gegenwärtige Situation gewiß nicht das Reich Gottes ist, daß sie wahrhaftig eine Aporie darstellt und deshalb die Dringlichkeit ihrer Überwindung gespürt wird, auch wenn man weiß, daß *keine* zukünftige Situation definitiv das Reich Gottes sein wird. Die lateinamerikanische Theologie tendiert dahin, sich für konkrete soziale und politische Lösungen zu entscheiden, eben deshalb, weil sie nicht den Anspruch erhebt, die Aporie auf der Ebene des Denkens aufzulösen (sc. wozu europäische Theologie neigt), wenn dort auch die Auflösung ideal sein könnte. Vielmehr geht es um die Aporie der *Wirklichkeit,* obwohl hier die *Lösungen immer nur partiell" und „ständig der Revision unterworfen* sind"[78]. Noch einmal Gutiérrez: „Christliche Hoffnung ... bewahrt uns vor jeder Verwechslung der Herrschaft Gottes mit einer bestimmten geschichtlichen Etappe, vor jeder Idolatrie hinsichtlich eines unvermeidlich mehrdeutigen menschlichen Erfolgs wie auch vor jeder Absolutsetzung der Revolution", auch der gewaltlosen[78a].

Das alles bedeutet – wie deutlich geworden ist – keineswegs eine kontinuierliche „Entwicklung als Prozeß der Selbsterlösung des Menschen durch Klassenkampf", wie die römische Instruktion von 1984 (LN IX.3) befürchtet. Die Gegner und Kritiker der Befreiungstheologen sollten diese wirklich mehr und genauer lesen. Politische, soziale, menschliche Befreiung wird bei den Befreiungstheologen nicht einfach mit Erlösung, mit dem Kommen des Reiches Gottes identifiziert. Es ist deshalb in höchstem Maße unsachlich, wenn Kritiker der Befreiungstheologie hier Ernesto Cardenal anführen, bei dem sich euphorisch-naive Aussagen finden wie diese, mit Hilfe des Marxismus werde es gelingen, „mit der Veränderung des Produktionssystems ... den neuen Menschen des Evangeliums endgültig (zu) schaffen"[79]. Cardenal ist kein professioneller Befreiungstheologe, sondern Mönch und Poet, der viele schöne Texte verfaßt hat, der aber nicht selten in hymnischen Übertreibungen redet und bisweilen politisch naiv und theologisch widersprüchlich anmutet. Kein professioneller Befreiungstheologe macht im Ernst solche Aussagen. Keiner von ihnen würde – wie Cardenal bei der Verleihung des Friedenspreises des Börsenvereins des deutschen Buchhandels 1980 – eine erstrebte oder gerade eben erreichte partielle politische Änderung wie in Nicaragua zum Kommen des Reiches Gottes erklären.

Die Befreiungstheologen wissen – wie sich hinrei-

chend deutlich gezeigt haben dürfte – um die kritische Distanz und den *transzendierenden Überschuß* von Evangelium und Reich Gottes gegenüber all unserem vorläufigen und stets *bekehrungsbedürftigen* Handeln. Sie instrumentalisieren das Evangelium daher auch nicht im Dienst einer bestimmten parteipolitischen Vision und Option. Aber sie lassen sich auch nicht abbringen von der – und das ist etwas anderes – genuin theologischen „vorrangigen Option" und *Parteilichkeit* (!)[80] für die Armen, die der neutestamentlichen Identifikation Jesu mit den Armen und Geringsten entspricht. Jedes Handeln, das aus Vertrauen auf Gott und selbstloser Liebe zu den Armen heraus auf *solche* menschlichen, gesellschaftlichen, wirtschaftlichen, politischen Beziehungen zielt, in denen es *weniger schwierig* ist, den Mitmenschen zu lieben und ihm Gerechtigkeit zu verschaffen, bringt etwas von der eschatologischen, göttlichen Erlösung zum Vorscheinen; darin wirkt der befreiende Geist des Herrn.

5. Die bis zur Parusie unabgeschlossene Befreiung

Die Befreiungstheologen haben nicht nur – wie oft hervorgehoben wird – eine Vorliebe für die Exodusthematik, die Propheten oder die Jesustradition, sondern auch für die österliche Thematik des *Pascha,* des *Hinübergehens* von Kreuz und Tod zu Auferstehung und Leben. Mit den Worten Eduardo Pironios: „Befreiung geschieht immer im Blick auf Ostern, das Ostern Christi, des Menschen und der Geschichte";

sie „ist etwas, das sich schon seit dem Pascha Christi dauernd ereignet, aber *bis zur Wiederkunft* des Herrn noch nicht vollständig sein“ [81].

In jeder Eucharistie feiern wir, so sagt Gutiérrez, „Kreuz und Auferstehung Christi, sein Hinübergehen (pascua) vom Tod zum Leben und unser Hinübergehen (paso) von der Sünde zur Gnade“, „vom alten zum neuen Menschen, von der Versklavung zur Freiheit“ [82]. *Das gesamte christliche Leben ist „Ostern, d.h. ein Hinübergehen* (tránsito) von der Sünde zur Gnade, vom Tod zum Leben, von der Ungerechtigkeit zur Gerechtigkeit, vom Untermenschlichen zum Menschlichen. Denn Christus führt uns durch das Geschenk seines Geistes *in die Gemeinschaft mit* Gott und den anderen Menschen“, d.h. auf die „stete Suche nach der Vollendung“, und „deshalb besiegt er die Sünde als Negation der Liebe und alle ihre Folgen“ [83]. Was in der Eucharistie gefeiert wird und was das christliche Leben zu vollziehen sucht, das wird in der Befreiungstheologie reflektiert, und zwar – mit Enrique Dussel gesprochen – „von der Befreiungspraxis aus, d.h. vom Übergang (Pascha) ... her, von der Sünde als Herrschaft der verschiedenen (politischen, erotischen, pädagogischen usw.) Systeme her bis zum irreversiblen Heil in Christus und seinem (eschatologischen) Reich“ [84].

Bis zum vollendeten Reich Gottes gilt nach dem Schlußdokument von Puebla, „daß weder die Umkehr des einzelnen noch die der Gesellschaft jemals abgeschlossen sein kann. Denn wenn auch das Reich Gottes sich in geschichtlichen Taten verwirklicht, so erschöpft es sich doch nicht in ihnen, noch identifiziert es sich mit ihnen" (Puebla 193). Solange wir aber auf dieser Erde leben, haben wir den Auftrag, *auch das öffentliche* (wirtschaftliche usw.) *Leben* – durch Aufdecken des Unrechts (denuncia) und Ansage des neuen Lebens Gottes (anuncio) und durch entsprechendes lebensförderliches Handeln – so zu beeinflussen, daß unsere Welt ein wenig bewohnbarer, menschlicher werde.

Erlösung als Ermög-
lichung neuen Lebens

V

Schlußbemerkungen

Bleibt abschließend zu fragen: Reduzierung der Erlösung auf sozialpolitische Befreiung? Mitnichten. Von solcher Reduzierung kann – wie gezeigt – keine Rede sein. Eher von konkretem Ernstnehmen der Versöhnung bzw. Erlösung Christi in ihrem doppelten Charakter als Ermöglichung neuen Lebens *und* als Verpflichtung dazu.

Die Befreiungstheologen ringen um eine erneute, lebendige Einheit von Erlösungs- und Befreiungserfahrung. Sie stehen dabei fest auf dem Boden der biblischen und kirchlichen Überlieferung. Zugleich aber stellen sie sich der Situation ihrer Länder, in denen mehr als zwei Drittel der Menschen infolge früherer und heutiger Ungerechtigkeiten in Armut, Unterdrückung und Elend leben. In dieser Situation dramatischer Not *kann* eine an Jesus Christus orientierte und von seinem Geist geleitete Theologie unmöglich sich der Aufgabe entziehen, durch ihre Glaubensreflexion der umfassenden Befreiung (auf allen drei genannten Ebenen) zu dienen. Sie muß darum Erlösung und irdische Befreiung, Glauben und befreiende Praxis der (auch politisch werdenden) Liebe möglichst sachgerecht und hilfreich verbinden. Die brennende Frage, welche die Befreiungstheologen umtreibt, lautet ja nicht, wie der Glaube mit der schlimmen Wirklichkeit zusammengedacht und gedanklich versöhnt werden kann, sondern wie *in dieser* Wirklichkeit Gott mehr Herr werden, also mehr Gerechtigkeit und Versöhnung herbeigeführt werden kann. Was ist Gott, Jesus, die Kirche für die Armen, Verfolgten? Was heißt und wie kann man Christ sein in einer Welt von Hungernden und Mißhandelten?

Diese Fragen stellen die Befreiungstheologen auch uns. Und *vor* allem andern, was wir von ihnen für unser Christsein und unser gläubiges Denken sonst lernen können, fordern sie uns heraus mit der Frage: „Welches ist dein Part in der wirksamen und umfassenden Befreiung der Unterdrückten" dieser Welt?[85] Die Befreiungstheologen stehen mitten in sozialen Bewegungen, in denen ein lebendiger Glaube durch die Liebe tätig wird zugunsten der Armen. Aus diesem praktischen Glaubensengagement heraus erwächst ihre theologische Reflexion. Sie engagieren sich also in einer sozialen Bewegung. Das ist das Entscheidende und das Wichtigste, was deutsche Christen und Theologen von ihnen (wieder) zu lernen haben.

Anmerkungen

[1] Dies waren Segundo Galilea (Chile/Kolumbien), Lucio Gera (Argentinien), Gustavo Gutiérrez (Peru) und Juan Luis Segundo (Uruguay). – Kurze Darstellungen der Geschichte der Befreiungstheologie bieten *José Comblin* in: H.-J. Prien (Hrsg.), Lateinamerika: Gesellschaft, Kirche, Theologie, Bd. 2 (Göttingen 1981) 13–38, sowie *Leonardo* und *Clodovis Boff,* Wie treibt man Theologie der Befreiung? (Düsseldorf 1986) 81–94.

[2] *G. Gutiérrez,* Teología de la Liberación (Lima 1971; Salamanca 1972); deutsch: Theologie der Befreiung (München – Mainz 1973). Gutiérrez hatte seit 1967 in etlichen Vorträgen und Vorlesungen in dieser Richtung vorgearbeitet.

[3] Die *evangelisatorisch-pastorale* Richtung findet ihren Niederschlag vor allem in den Dokumenten der beiden Generalversammlungen des lateinamerikanischen Episkopats in Medellín (1968, von Papst Paul VI. approbiert) und in Puebla (1979, von Papst Johannes Paul II. approbiert), ihr sind aber auch Theologen wie Lucio Gera oder Eduardo Pironio zuzuordnen. Die *politische* Richtung ist auch evangelisatorisch-pastoral, geht aber weiter und bezieht außer der pastoralen auch die gesellschaftliche Praxis ein; ihr gehören die bekanntesten Befreiungstheologen wie Gutiérrez, Enrique Dussel, Leonardo Boff, Jon Sobrino oder Bischöfe wie Hélder Câmara, Antônio Fragoso, Evaristo Arns, Aloísio Lorscheider und viele andere an; bei ihnen findet sich kein wirklicher Marxismus, sie unterlaufen ihn vielmehr und bringen eine wirkliche Alternative zu ihm. Dem schmalen mehr oder weniger *marxistischen* Flügel sind die „Christen für den Sozialismus", von den professionellen Befreiungstheologen vielleicht und mit Einschränkungen Hugo Assmann zuzurechnen. Der *populistisch-kulturellen* Richtung geht es – wiederum auf der evangelisatorisch-pastoralen Basis – vor allem auch um die Wiederentdeckung der Weisheit, Kunst, Frömmigkeit des armen „Volkes"; Lucio Gera und Juan Carlos Scannone wären hier zuerst zu nennen.

[4] Immerhin liegen die ersten Bände eines umfangreichen, auf 55 Bände veranschlagten Projekts „Theologie und Befreiung" vor, an dem über 100 lateinamerikanische Autoren mitarbeiten. – Es stellt ein gründliches Mißverständnis dar, wenn Kardinal *Joseph Höffner*, Soziallehre der Kirche oder Theologie der Befreiung? (Bonn 1984, hrsg. vom Sekretariat der Deutschen Bischofskonferenz) meint, letztere könne – recht verstanden – nur ein Bestandteil der ersteren sein.

[5] So *G. Gutiérrez* in: P. Eicher (Hrsg.): Theologie der Befreiung im Gespräch (München 1985) 37. – Nach *E. Dussel*, Herrschaft und Befreiung. Ansatz, Stationen und Themen einer lateinamerikanischen Theologie der Befreiung (Fribourg 1985) 40 „ist die Theologie der Befreiung der Peripherie und der Unterdrückten *die ganze traditionelle Theologie*, die *aus der Perspektive des Armen in eine österliche Bewegung versetzt* wird".

[6] Vorläufig vgl. die Entwürfe von *H. Kessler*, Erlösung, in: NHhG I (1984) 241–254 und vor allem *Th. Pröpper*, Erlösungsglaube und Freiheitsgeschichte. Eine Skizze zur Soteriologie (München 1985).

[7] Diese Vorwürfe finden sich vor allem in den von den Bischöfen *Franz Hengsbach* (Essen) und *Alfonso López Trujillo* (Bogotá) herausgegebenen „Veröffentlichungen des Studienkreises Kirche und Befreiung", z. B. „Kirche und Befreiung" (Aschaffenburg 1975) oder „Christlicher Glaube und gesellschaftliche Praxis" (Aschaffenburg 1978); Autoren: D. Castrillon Hoyos, Bonaventura Kloppenburg, A. López Trujillo, A. Rauscher, M. Spieker, R. Vekemans, W. Weber. – Die gleichen Vorwürfe gehen dann ein in die – wie ein Vergleich mit seinen dort publizierten Gedankengängen zeigt – offenbar stark von López Trujillo mitgeprägte erste „Instruktion der Kongregation für die Glaubenslehre über einige Aspekte der ‚Theologie der Befreiung'" *Libertatis Nuntius* vom 6. 8. 1984 (bes. Abschnitte IX und X).

[8] *Gutiérrez*, Theologie der Befreiung (s. Anm. 2) 135 Anm. 2.

[9] Ebd. 156 ff. [10] Vgl. ebd. 48 f.

[11] *A. Fragoso*, Evangelium und soziale Revolution (Berlin 1971) 13.

[12] *E. Pironio*, Der neue Mensch. Theologische Besinnung auf das Wesen der Befreiung, in: P. Hünermann / G.-D. Fischer (Hrsg.), Gott im Aufbruch. Die Provokation der lateinamerikanischen Theologie (Freiburg 1974) 48.

[13] *L. Boff,* Erfahrung von Gnade. Entwurf einer Gnadenlehre (Düsseldorf 1978) 222 bzw. 29. – Hier und im Folgenden stammen *Hervorhebungen in Zitaten,* soweit nicht anders angegeben, von mir.

[14] So – stellvertretend für den in Anm. 7 genannten Autorenkreis – *Wilhelm Weber,* Wenn aber das Salz schal wird. Der Einfluß sozialwissenschaftlicher Weltbilder auf theologisches und kirchliches Sprechen und Handeln (Würzburg 1984) 34 und 39 f.; vgl. 140–143.170 f. – Die Art der Argumentation (Seelenheil und Sozialheil, religiöse Aktivität und sozialer Aktivismus werden in Gegenstellung gebracht) ist bezeichnend für diejenigen, die – aufs Ganze gesehen – unmenschliche Verhältnisse nicht ändern wollen, sondern nur deren Opfer bei ihrem erbärmlichen, oft vorzeitigen Dahinsterben menschlich begleiten wollen (wogegen auch die Verteidiger dieser unmenschlichen Verhältnisse schließlich nichts einzuwenden haben); dafür muß dann wieder einmal Mutter Teresa als Vorbildfigur herhalten (124 f. 149). Bezeichnend ist ferner der Stil des Umgangs mit kritisierten Autoren: kaum einmal werden sie zutreffend dargestellt, häufig werden sie nicht direkt, sondern aus negativ-kritischer Sekundärliteratur zitiert, mit aus dem Zusammenhang gerissenen Zutaten karikiert und so zu dem benötigten Feindbild stilisiert.

[15] Zur Spiritualität der Befreiung vgl. etwa *S. Galilea,* Christ werden zur Befreiung. Persönliche Bekehrung und soziale Veränderung (Salzburg 1983); *L. Boff,* Zärtlichkeit und Kraft. Franz von Assisi mit den Augen der Armen gesehen (Düsseldorf 1983); *ders.,* Vater unser. Das Gebet umfassender Befreiung (Düsseldorf 1981); *Eduardo Bonnín* (Hrsg.), Spiritualität und Befreiung in Lateinamerika (Würzburg 1984); *G. Gutiérrez,* Aus der eigenen Quelle trinken. Spiritualität der Befreiung (München – Mainz 1986). – Die Befreiungstheologie hat keineswegs, wie schon behauptet wurde, den Zugang zu den Quellen der Mystik abgeschnitten, im Gegenteil. Ihre Mystik ist nur nicht von Mitwelt, Gesellschaft, Politik isoliert, sondern wie bei Jesus, Paulus, Franz von Assisi, Ignatius von Loyola auf sie bezogen.

[16] *Gutiérrez,* Theologie der Befreiung (s. Anm. 2) 41 f. 170. 229 u. ö.; *ders.,* Die historische Macht der Armen (München – Mainz 1984) 104 f.

[17] Wie die meisten Befreiungstheologen so übernimmt auch das Schlußdokument der III. Vollversammlung des lateinamerikani-

schen Episkopats in Puebla 1979 „Die Evangelisierung Lateinamerikas in Gegenwart und Zukunft" (dt. Übers. der durch den Papst am 23.3.1979 approbierten Fassung, hrsg. vom Sekretariat der Dt. Bischofskonferenz) Nr. 321–329.480–490 die Sicht von Gutiérrez weitestgehend. – Ähnlich wie die eine, integrale Befreiung auf drei nicht aufeinander rückführbaren Ebenen wird übrigens auch die *Einheit der Geschichte* begriffen: Es gibt nicht zwei verschiedene, voneinander getrennte Geschichtswelten (Sünden- und Heilsgeschichte einerseits, weltliche Unterdrückungs- und Befreiungsgeschichte andererseits), sondern nur eine einzige Geschichte, in der es freilich objektiv verschiedene reale, nicht aufeinander rückführbare Dimensionen gibt; vgl. *J. C. Scannone,* Theologie der Befreiung – Charakterisierung, Strömungen, Etappen, in: K. H. Neufeld (Hrsg.), Probleme und Perspektiven dogmatischer Theologie (Düsseldorf 1986) 401–439, hier 414.

[18] *Gutiérrez* in: Eicher (s. Anm. 5) 33; Hervorhebung im Original.

[19] *J. C. Scannone,* Das Theorie-Praxis-Verhältnis in der Theologie der Befreiung, in: K. Rahner u.a. (Hrsg.), Befreiende Theologie. Der Beitrag Lateinamerikas zur Theologie der Gegenwart (Stuttgart 1977) 79. – *Ders.,* Sozialanalyse und Theologie der Befreiung, in: ZMR 69 (1985) 261 f. bringt dann wieder eine Reihenfolge, die der von Gutiérrez entspricht.

[20] Hierzu vgl. etwa *Gutiérrez,* Theologie der Befreiung (s. Anm. 2) 197–233; *J. C. Scannone,* Teología de la liberación y praxis popular. Aportes críticos para una teología de la liberación (Salamanca 1976) 97–126.

[21] Die beiden folgenden Zitate bei *Gutiérrez,* a.a.O. 232 f. bzw. 229; vgl. 224–233. – Die drei Merkmale Realitätsbezug, praktische Verifizierung, kritisch-prospektive Rationalität sind kennzeichnend für Gutiérrez' Begriff von *Utopie.* Er setzt sich damit ausdrücklich ab vom „verfälschten", „landläufigen Verständnis" dieses Begriffs (224 f.), das nun Kardinal *Joseph Ratzinger,* Freiheit und Befreiung. Die anthropologische Vision der Instruktion ›Libertatis conscientia‹, in: IkaZ Communio 15 (1986) 410–424, wieder verwendet. Ratzinger charakterisiert Utopie als „Vermischung von Politik und Eschatologie" (422), bezeichnet sie rundweg als „trügerisch" (421, vgl. 423) und behauptet, die katholische Soziallehre kenne „keine innergeschichtliche Utopie", sondern entwickle „Modelle bestmöglicher Gestaltung der menschlichen Dinge in einer gegebenen geschichtlichen Situation" (422).

Der hier aufgemachte Gegensatz kann am Ende keiner sein, wenn man einerseits bedenkt, wie vieles etwa an der Sozialenzyklika „Laborem exercens" (1981) u-topisch (ort-los) ist, und andererseits, daß etwa die von *Gutiérrez* gemeinte Utopie sich „ständig der Revision unterwerfen und konkrete Gestalt gewinnen" muß (a. a. O. 232).

[21a] Es fällt auf, daß Kardinal *Ratzinger* sich nicht nur mit Recht gegen eine „Vermischung von Politik und Eschatologie" (Glaube) wendet, sondern im selben Atemzug für eine „*Trennung* beider" plädiert (a. a. O. 422). Warum eigentlich? Warum nicht „unvermischt *und un*getrennt" (Chalcedon)? Ratzinger scheint wieder hinter die differenziertere und auf weite Strecken überzeugende zweite „Instruktion der Kongregation für die Glaubenslehre über die christliche Freiheit und die Befreiung" *Libertatis conscientia* vom 22. 3. 1986 zurückzufallen. Vgl. unsere Ausführungen oben S. 21 f. und unten Anm. 46.

[22] Hierzu *L. Boff,* Die Anliegen der Befreiungstheologie, in: Theologische Berichte, Bd. 8 (Einsiedeln 1979) 71–103, hier 77–79; ferner *ders.,* Vater unser (s. Anm. 15) 15 f.; ausführlicher *C. Boff,* Theologie und Praxis. Die erkenntnistheoretischen Grundlagen der Theologie der Befreiung (München-Mainz 1983) 51–56. 256–268.

[23] Vgl. die kompakte Zusammenstellung von Forderungen der kirchlichen Soziallehre in der zweiten ‚Instruktion *Libertatis conscientia* (1986) Nr. 81–95.

[23a] Vgl. unten S. 44–48.

[24] Vgl. dazu etwa *J. Sobrino,* Theologisches Erkennen in der europäischen und der lateinamerikanischen Theologie, in: K. Rahner u. a. (Hrsg.), Befreiende Theologie (s. Anm. 19) 129 f. 142 f. – Zum Sündenbegriff der Befreiungstheologen vgl. insgesamt die gute Darstellung bei *M. Sievernich,* Schuld und Sünde in der Theologie der Gegenwart (Frankfurt 1982).

[25] Von „sozialer Sünde" spricht auch *Puebla* Nr. 28.487.515 u. ö., desgleichen von „Situationen der Sünde" Nr. 328 u. ö., von „Systemen der Sünde" Nr. 92, von Strukturen, die „das Böse in sich tragen" Nr. 438, und von der „Sünde, welche den Strukturen selbst innewohnt" Nr. 1258. – Mit anderen gebraucht z. B. *L. Boff,* Erfahrung von Gnade (s. Anm. 13) den Ausdruck „soziale und strukturelle Sünde" (129) oder nur „strukturelle Sünde" (129.131 u. ö.). – Vgl. jetzt auch die zweite römische Instruktion von 1986 LC 74 („Strukturen, die von der Sünde gekennzeichnet sind"), 75

(„soziale Sünde") und 60 („Situationen von Sünde und Ungerechtigkeit"); ferner 54 (Ende).

[26] *L. Boff,* Erfahrung von Gnade 128.

[27] So der Spanier *O. González de Cardedal,* Befreiungstheologie in einer Zeit kirchlichen Umbruchs, in: Internationale Theologenkommission/K. Lehmann (Hrsg.), Theologie der Befreiung (Einsiedeln 1977) 133.

[28] *S. Galilea,* Salvación de los pecadores y liberación de los pobres según el Evangelio, in: Mensaje (Santiago de Chile) 23 (1974) 416–421, hier 417 f.; nach Sievernich, Schuld und Sünde (s. Anm. 24) 263. – Recht deutlich die zweite Instruktion von 1986 LC 46: „Die Ungerechtigkeit gegen die Kleinen und Armen ist eine schwere Sünde, die die Gemeinschaft mit Jahwe zerstört."

[29] *Hieronymus,* Brief 120 (PL 22,984): „Alle Reichtümer entspringen der Ungerechtigkeit, und ohne daß einer etwas verloren hätte, kann der andere nichts finden. Deshalb scheint mir, daß jenes Sprichwort sehr wahr ist: Der Reiche ist entweder ungerecht oder Erbe eines Ungerechten (Dives autem iniquus aut iniqui haeres)." – *Isidor von Sevilla,* Synonymum de lamentatione animae peccatricis II 93 (PL 83,866): „Divitiae nunquam sine peccato acquiruntur, divitiae nunquam sine peccato administrantur."

[30] Vgl. z. B. *Gutiérrez,* Theologie der Befreiung (s. Anm. 2) 263: „Universale Liebe bemüht sich vielmehr, in Solidarität mit den Unterdrückten *auch die Unterdrücker* von ihrer Macht, ihren Ambitionen und ihrem Egoismus *zu befreien."*

[31] *Gutiérrez,* a. a. O. 166 bzw. 41 (ähnlich 230 u. ö.). Ebd. 171: die Sünde ist „die Wurzel des Elends". – Vgl. nun die zweite Instruktion von 1986 LC 37 f.: „Die Sünde", der „Bruch mit Gott", ist „der entscheidende Grund für die Tragödien" der Freiheit, die „Wurzel aller anderen Entfremdungen".

[32] *Gutiérrez,* a. a. O. 41. – Die entsprechenden Aussagen finden sich in LC 75 (4. Abschnitt); vgl. LC 31.

[33] Sie fällt – in Abwehr einer angeblichen Beschränkung der Sünde auf die „soziale Sünde" (Nr. IV.14) – wieder in die gegenteilige bürgerlich-individuell-privatistische Einseitigkeit zurück (z. B. IV. 12 und 14). Hierzu vgl. die aufschlußreiche Analyse von *H.-J. Venetz,* Der lehramtliche Umgang mit der Bibel, in: ders./ H. Vorgrimler (Hrsg.), Das Lehramt der Kirche und der Schrei der Armen. Analysen zur Instruktion über einige Aspekte der

Theologie der Befreiung (Fribourg – Münster 1985) 77–105; sein zusammenfassendes Urteil: „Ich sehe keine Möglichkeit, eine solche Sündentheologie (nämlich die der ersten Instruktion) mit den Aussagen der Bibel in Einklang zu bringen" (96). Die Sündentheologie der zweiten Instruktion *Libertatis conscientia* (1986) ist demgegenüber – wohl aufgrund der gründlicheren und kollegialeren Vorbereitung – differenzierter.

[34] Siehe oben Anm. 25.

[35] *E. Pironio,* Der neue Mensch (s. Anm. 12) 65.

[36] *Gutiérrez,* Theologie der Befreiung (s. Anm. 2) 169.

[37] So etwa *Clodovis Boff/Libanio Christo,* Pecado social y conversión estructural (Bogotá 1978). Ihrer These 5 schließt sich unsere Bestimmung in den folgenden Sätzen an. – *H. Vorgrimler,* Christologie – Eucharistielehre – Sündenverständnis, in: Venetz/Vorgrimler (s. Anm. 33) 152f. zitiert diese These 5 in dt. Übersetzung.

[38] *C. Boff/L. Christo* (These 5) nach Vorgrimler, a.a.O. 153.

[39] *Gutiérrez,* Theologie der Befreiung (s. Anm. 2) 193.

[40] *L. Boff,* Erfahrung von Gnade (s. Anm. 13) 130.

[41] *Puebla* Nr. 327. – Der letzte Satz ist in der dt. Übersetzung des Sekretariats der Dt. Bischofskonferenz etwas entschärft. Vgl. zu den bezeichnenden (im ganzen aber doch peripheren) römischen und deutschen Abänderungen *A. Fischer-Bramkamp,* Kirche in Lateinamerika – Opfer der Zensur. Eine Textstudie, in: Publik-Forum Sonderdruck Nr. 3, 8. 2. 1980, S. I–IX. Ferner *G. Burchardt,* Was Rom änderte. Zur Revision des Puebla-Dokuments, in: HerKorr 34 (1980) 91–95.

[42] *Gutiérrez,* Theologie der Befreiung (s. Anm. 2) 148 bzw. 145. – Vgl. auch *José Argüello,* Befreiungspraxis und Erlösung im Verständnis der lateinamerikanischen Theologie der Befreiung (Lizentiatsarbeit Tübingen 1980), und *Florencio Galindo,* „Es genügt nicht, Grundsätze zu verkünden ..." Zur Erlösungslehre der lateinamerikanischen Befreiungstheologie, in: Geist und Leben 58 (1985) 322–337.

[43] *Gutiérrez,* a.a.O. 170; vgl. 147. – Die zweite Instruktion spricht davon, daß Christus uns durch Kreuz und Auferstehung von der Sünde und der Macht des Todes befreit (LC 3; 22f.; 99) und „den Weg zur endgültigen Befreiung eröffnet" hat (LC 51).

[44] *Gutiérrez,* a.a.O. 148; vgl. 138.140. – Was die zweite Instruktion von 1986 (LC 52) über die „Mitte der christlichen Erfahrung

der Freiheit" ausführt, findet sich bei Gutiérrez von Anfang an, ähnlich bei L. Boff, Erfahrung von Gnade.

[45] *Gutiérrez,* a.a.O. 183f.; ähnlich dann *Puebla* 482 u.ö.

[46] *Gutiérrez,* a.a.O. 148. – Auch die zweite Instruktion *Libertatis conscientia* (1986) hebt bei aller Unterscheidung den Zusammenhang zwischen Erlösung durch Christus und menschlichen Befreiungsbemühungen hervor. Evangelisierung und Heilsvermittlung sind für sie „unauflöslich verbunden" (LC 80; vgl. 63) mit der „dringlich gebotenen" (LC 62) Aufgabe, sich für mehr Gerechtigkeit, Verbesserung der irdischen Lebensbedingungen und auch „strukturelle Veränderungen" (LC 68) einzusetzen, um bessere wirtschaftliche, soziale, politische und kulturelle Bedingungen für ein menschenwürdiges Leben in Freiheit zu schaffen (LC 1; 17; 31; 62f.; 68; 80). Das Evangelium und die von ihm eröffnete Vollendungshoffnung schwächen nicht solchen Einsatz, sondern geben ihm „im Gegenteil Sinn und Kraft" (LC 60; vgl. 62).

[47] *Gutiérrez,* a.a.O. 148. [48] Ebd. 160 bzw. 110.

[49] *L. Boff,* Erfahrung von Gnade (s. Anm. 13) 223.

[50] Ebd. 226. [51] *Gutiérrez,* a.a.O. 171.

[52] Ebd. 170. [53] Ebd. 247. [54] Ebd. 171.

[55] Zu beiden Verkürzungen *L. Boff,* Aus dem Tal der Tränen ins Gelobte Land. Der Weg der Kirche mit den Unterdrückten (Düsseldorf 1982) 89f.

[56] Anders neuerdings *N. Lohfink,* Gottes Reich und die Wirtschaft in der Bibel, in: IkaZ Communio 15 (1986) 110–123; hier 113 zum Exodus: „Das, was Israel *‚Erlösung'* nannte, war konkret vor allem ein von seinem Gott bewirkter *Wechsel des Wirtschaftssystems."* (Lohfink reflektiert allerdings nicht darauf, daß Jahwe diesen Wechsel durch menschliche Mittler bewirkte.) – Die zweite Instruktion *Libertatis conscientia* (1986) anerkennt nun auch, daß „Gott sein Volk einer harten wirtschaftlichen, politischen und kulturellen Sklaverei entreißt", fügt aber hinzu, diesen „politischen Aspekt" dürfe „man nicht für sich isolieren, man muß ihn als inneren Bestandteil des wesentlich religiösen Planes betrachten, in dem er verankert ist" (LC 44; vgl. die sehr schöne Erläuterung durch Kardinal *Ratzinger* in seinem Anm. 21 genannten Aufsatz, dort 416–419). Diese Makro-Betrachtung ist im Prinzip sicher richtig; wird sie allerdings allzusehr akzentuiert, so besteht Gefahr, daß die Mikro-Betrachtung, nämlich das Ernstnehmen des *konkreten* Leidens und seiner Überwin-

dung (vgl. Ex 3,7 f.: „Ich habe das Elend meines Volkes wohl gesehen und ihr Schreien gehört; ja ich kenne ihre Leiden; *darum* bin ich herniedergestiegen, sie zu erretten"), in unerträglicher Weise zu kurz kommt. Dieser Gefahr entgeht auch die zweite Instruktion nicht immer, z. B. LC 47: Die Armen Jahwes „leiden in ihrem Herzen an der Knechtschaft, der das Volk ‚mit steifem Nakken' wegen seiner Sünden unterworfen ist." Sind es nicht sehr direkt und vornehmlich die Sünden reicher Großgrundbesitzer und Machthaber, unter denen sie leiden, und zwar nicht nur in ihrem Herzen? Und stimmt es wirklich, daß, weil für die Armen Jahwes in späten Psalmen die Jahwegemeinschaft das höchste Gut ist, „ihr Kampf gegen Ungerechtigkeit seinen tiefsten Sinn und seine Wirksamkeit aus ihrem Willen (gewinnt), von der Knechtschaft der Sünde befreit zu werden" (ebd.)? Sind hier die Verhältnisse zutreffend bestimmt, die Akzente richtig gesetzt? Überhaupt bedürfte die Art, wie auch noch die zweite Instruktion von Armen und Armut spricht (LC 46 f.; 66 f.; 50; 62), einer gründlichen bibeltheologischen Überprüfung. Vgl. vorläufig Conc 22 (1986) Heft 5 (Option für die Armen – Herausforderung an die Reichen); zu den Armen als Inkognito des auferstandenen, gegenwärtigen Christus und als politischem Sakrament vgl. *H. Kessler,* Sucht den Lebenden nicht bei den Toten. Die Auferstehung Jesu Christi in biblischer, fundamentaltheologischer und systematischer Sicht (Düsseldorf 1985) 386–404.

[57] Vgl. die kritische Analyse von *Venetz* (s. Anm. 33), bes. 82–85 und 91–94.

[58] *Gutiérrez,* Theologie der Befreiung (s. Anm. 2) 172. – Man vgl. demgegenüber die entgegengesetzte Stoßrichtung im Vorwort *Anton Rauschers* zu W. Weber (s. Anm. 14) 7: „Die Horizontalisierung und Politisierung des Glaubens und der Kirche ist ohne Zweifel die große Gefahr in der Gegenwart." Wirklich?

[59] *Gutiérrez,* Die historische Macht (s. Anm. 16) 109 hat diesen Puebla-Text als das Beste bezeichnet, was lateinamerikanische Theologie bisher zu unserer Fragestellung erarbeitet hat und was er selbst sagen will.

[60] So *J. C. Scannone,* Ist die Theologie der Befreiung evangeliumsgemäß oder ideologisch? in: Conc 10 (1974) 228–232, hier 231.

[61] *J. L. Segundo,* Salvación y construcción del mundo (Barcelona 1968) 87.

[62] *Gutiérrez,* Theologie der Befreiung (s. Anm. 2) 140; vgl. 138.
[63] Alle folgenden Aussagen ebd. 171; Hervorhebungen (mit Ausnahme der letzten) im Original.
[64] Ebd. 71. [65] Ebd. 160.
[66] *G. Gutiérrez,* Evangelio y praxis de liberación, in: Fe cristiana y cambio social en América Latina. Encuentro de El Escorial (Salamanca 1973) 239.
[67] *J. Sobrino,* Der Gott des Lebens wird sichtbar bei Jesus von Nazaret, in: Die Götzen der Unterdrückung und der befreiende Gott (Münster 1984) 99.
[68] *L. Boff* in: Eicher (s. Anm. 5) 83 f.
[69] *L. Boff,* Vater unser (s. Anm. 15) 15 bzw. 105; vgl. auch die Boff-Texte unten bei Anm. 73 und 75.
[70] Beschlüsse von *Medellín* (1968), dt. Übersetzung der durch den Papst am 24. 10. 1968 approbierten Texte, hrsg. von der Bischöflichen Aktion ADVENIAT (Essen 1970), hier Dokument Erziehung Nr. 9.
[71] Vgl. *Gutiérrez,* Theologie der Befreiung (s. Anm. 2) 171: „kündigt die letztgültige Vollendung an".
[72] *L. Boff,* Erfahrung von Gnade (s. Anm. 13) 226.
[73] Ebd. 223. [74] Ebd. 224.
[75] *L. Boff,* A libertação em Puebla, in: Puebla (1979) c. 188 f.; zit. nach *J. C. Scannone,* Theologie der Befreiung (s. Anm. 17) 415.
[76] *L. Boff,* ebd. c. 190 (Scannone 415).
[77] Die zweite Instruktion *Libertatis conscientia* (1986) sagt: „Durch den Geist des Herrn erleuchtet, vermag die Kirche unter den Zeichen der Zeit diejenigen zu erkennen, die Befreiung versprechen, und solche, die trügerisch und illusorisch sind" (LC 60). Das klingt nach einem gesicherten, allzeit verfügbaren praktischen Unterscheidungsvermögen der Kirche. Manche historischen Sachverhalte stehen dem entgegen. Hätte es nicht besser geheißen: „Soweit sie durch den Geist des Herrn erleuchtet ist, vermag die Kirche ..."?
[78] *Sobrino,* Theologisches Erkennen (s. Anm. 24) 143.
[78a] *Gutiérrez,* Theologie der Befreiung (s. Anm. 2) 232 f.
[79] *E. Cardenal,* Von der Heiligkeit der Revolution. Ein Gespräch mit Ernesto Cardenal in Solentiname (Wuppertal 1972) 31. Zitiert u. a. bei *W. Weber,* Wenn aber das Salz schal wird (s. Anm. 14) 143. – Von derartigen Äußerungen her liest z. B. auch *Manfred Spieker,* Revolution als Sakrament. Die Heiligung des Klassen-

kampfes durch die (!) Theologie der Befreiung, in: FAZ Nr. 226, 30. 9. 1985, S. 10 (mit einem großen Foto L. Boffs!), die differenzierten Aussagen der großen Befreiungstheologen Gutiérrez oder L. Boff ganz selektiv und interpretiert sie in undifferenzierter, ja entstellender Weise nicht selten in ihr glattes Gegenteil um. Dieses Verfahren plakativer Perhorreszierung und übler Stimmungsmache findet sich unter den in Anm. 7 genannten Autoren insbesondere bei *Bonaventura Kloppenburg* (früher Weihbischof in Salvador da Bahia, jetzt Bischof von Novo Hamburgo/ Brasilien), einem der unversöhnlichsten Gegner der Befreiungstheologie und der Basisgemeinden. Vgl. etwa sein Buch: Die neue Volkskirche (Aschaffenburg 1981; spanisch: Bogotá 1977), oder neuerdings von ihm: Ein Offener Brief an Kardinal Ratzinger, abgedruckt in: „Theologisches" Nr. 196, August 1986, Sp. 7184–7216. Dieser offene Brief stellt Kloppenburgs Reaktion auf einen offenen Brief der beiden Brüder Boff an Kardinal Ratzinger dar, den die Süddeutsche Zeitung vom 7./8. Juni 1986 (mit kleinen unbedeutenden Auslassungen) veröffentlicht hatte. Vgl. auch die entsprechende Reaktion (auf den Brief der Gebrüder Boff und auf ein Interview L. Boffs im Rheinischen Merkur vom 21. Juni 1986) wiederum durch *Manfred Spieker*, Antwort auf Leonardo Boff, in: Rheinischer Merkur Nr. 27, 28. 6. 1986, S. 3.

[80] Parteilichkeit in diesem Sinne meint nicht parteiische Voreingenommenheit, wie manche suggestiv eintragen, sondern: Partei ergreifen für die Armen. Solche Parteilichkeit beweist gerade eine *universale* Offenheit und Solidarität, weil sie denjenigen, die aus der Gemeinschaft ausgeschlossen sind, zur Partizipation verhelfen will, ohne diese Partizipation irgend jemandem sonst rauben zu wollen. – Auch die zweite Instruktion *Libertatis conscientia* (1986) sagt nun mit erfreulicher Klarheit, die – niemand ausschließende – vorrangige Option für die Armen sei gerade *kein* Zeichen von „Partikularismus und Sektarismus", vielmehr Zeichen der „universellen" Sendung der Kirche. Sie fügt hinzu, der Gebrauch einengender ideologischer Kategorien mache „aus dieser vorrangigen Zuwendung eine parteiische Wahl konfliktbetonter Art" (LC 68).

[81] *Pironio,* Der neue Mensch (s. Anm. 12) 50 bzw. 62.

[82] *Gutiérrez,* Theologie der Befreiung (s. Anm. 2) 246 bzw. 40.

[83] Ebd. 170. [84] *Dussel,* Herrschaft (s. Anm. 5) 40f.

[85] *L.* und *C. Boff* (s. Anm. 1) 19.

Leonardo Boff

Jesus Christus, der Befreier

„Der Leser erhält mit diesem Buch grundlegende Texte Boffs über die Geschichte, Gestalt und Aussagekraft Jesu. Nicht zu übersehen ist die Absicht Boffs, Jesus der einseitig europäischen und bürgerlich-verharmlosten Interpretation des alten Kontinents zu entreißen und ihn mit der Situation in Lateinamerika in Bezug zu setzen: Jesus aus der Sicht eines armen und rechtlosen Kontinents.

Boffs Texte sind Dokumente seines theologischen Wegs – und gleichzeitig Zeugnisse einer besonderen Situation, in der Theologie getrieben wird" (Publik-Forum).

448 Seiten, Paperback. ISBN 3-451-20719-2

Daß Gott den Schrei seines Volkes hört

Die Herausforderung der lateinamerikanischen Befreiungstheologie

Herausgegeben von Wolfgang Seibel

In diesem Band greifen renommierte Theologen: Raúl Fornet-Betancourt, Rogelio García-Mateo, Gustavo Gutiérrez, Norbert Lohfink, Oswald von Nell-Breuning, Michael Sievernich grundsätzliche Fragen der Befreiungstheologie auf. Sie legen die entscheidenden Fakten dar, durchleuchten die historischen und sozio-kulturellen Hintergründe, befragen das biblische Fundament, erklären die neue theologische Methode und nehmen zu den verschiedenen Einwänden und Befürchtungen Stellung.

144 Seiten, Paperback. ISBN 3-451-20908-X

Herder Freiburg · Basel · Wien